W0467250

midena

Andrea-Anna Cavelius

Lob dich selbst, dann tun's auch andere

Wie Sie durch Eigenlob weiterkommen

midena

Inhalt

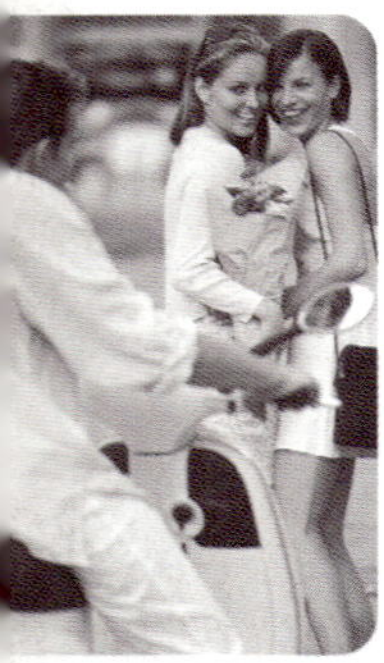

Ohne Eigenlob läuft gar nichts

Obwohl sie es eigentlich besser wissen sollten, gibt es immer noch Leute, die bei diesem Ausspruch die Nase rümpfen. »Zu aufdringlich«, heißt es, »stillos« oder »oberflächlich«. Das alles gipfelt dann in einem inbrünstigen »Das habe ich doch gar nicht nötig«. Nun, wenn Sie tatsächlich davon überzeugt sind, dass Eigenlob stinkt, dann warten Sie wahrscheinlich immer noch. Darauf, dass Ihre liebe Familie, Ihr gut aussehender Nachbar, Ihr Chef oder ein durchreisender Hollywood-Produzent Sie und Ihre wahren – aber bislang unerkannten Qualitäten – entdecken.

Ich schlage vor, lassen Sie das Warten, schreiben Sie das »Garnicht-nötig-Haben« auf Ihre »Das-will-ich-nie-wieder-sagen-und-denken«-Liste, auf der all die anderen Gedanken stehen, mit denen Sie sich, Ihr Selbstbewusstsein, Ihre Ausstrahlung und Ihr Auftreten seit Jahren blockieren.

Reden Sie über sich

Studien von Unternehmensberatungen haben gezeigt, dass eine sichere Öffentlichkeitsarbeit in eigener Sache der einzige Weg ist, um in Sachen Erfolg und Karriere in die Gewinnerposition zu kommen. Zeugnisse, Überstunden, der perfekte Haushalt oder die wohl geratenen Kinder sind gut und schön – aber nur, wenn andere davon wissen.

»Darüber reden« – was Sie selbst wert sind, was Sie leisten und was Sie können, so muss deshalb ab jetzt Ihre Devise lauten. Wenn Sie wissen, was Sie selbst dafür tun können, um selbstbewusst und sympathisch aufzutreten und sich und das, was Sie können, gut zu verkaufen, dann brauchen Sie auch niemanden mehr, der Ihnen sagt, wo es lang geht. Dann sind Sie Ihr eigener Regisseur, für den es in Partnerschaft und Familie, Job und Karriere am Ende rote Rosen regnen wird.

Zeigen Sie, was Sie können

Lassen Sie Ihre bisherige Tiefstapelei künftig unter den Tisch fallen. Kümmern Sie sich ganz gezielt um sich, um Ihr Selbstbewusstsein, Ihr Auftreten und Ihren Stil. Sie werden viel Spaß daran haben, versprochen! Denn es fühlt sich hervorragend an, seine Erfolgsgeschichte selbst zu schreiben. Wenn Sie lernen, sich auf souveräne und stilsichere Art selbst zu loben und ein positives Lebensgefühl zu vermitteln, überzeugen Sie andere für und von sich und gewinnen so neue Sympathien.
Wie Ihnen genau das gelingt – nämlich andere Menschen für sich zu gewinnen, wie Sie natürlich und souverän im Privatleben sowie im Beruf auftreten und dabei sich, Ihre Wünsche und Visionen ins Spiel bringen, das können Sie in diesem Buch lesen. Tests und Praxisseiten helfen Ihnen dabei, gründlich über Ihren bisherigen Lebensentwurf nachzudenken, Ihr positives Selbstwertgefühl zu stärken und Ihr inneres Erfolgs- und Karrierepotenzial freizusetzen.
Dazu kommen zahlreiche Tipps aus der Trickkiste der Körpersprache sowie nützliche Hilfestellungen zur Entwicklung Ihres individuellen und unverwechselbaren Stils und zu mehr innerer Gelassenheit.
So gestärkt werden Sie eine Begeisterung ausstrahlen, die ansteckt, und für andere Menschen zu einer Bereicherung werden. Lassen Sie sich inspirieren und legen Sie los. Es ist Ihr Leben! Sie selbst haben den weiteren Weg in der Hand! Fangen Sie gleich heute damit an.

Zeigen Sie endlich Flagge

Zeigen Sie endlich Flagge

Es gibt Menschen, denen legt man auf Cocktailpartys einfach seinen Mantel über den Arm und bittet sie, ihn doch aufzuhängen – und den Garderobenzettel nicht zu vergessen. Es gibt Menschen, die laufen die Straße entlang, und andere haben nichts anderes zu tun, als gegen sie zu rempeln, so als wären sie gar nicht vorhanden. Es gibt Menschen, die müssen einen ganzen Abend lang zusehen, wie immer wieder die Frau oder der Mann neben ihnen zum Tanzen aufgefordert wird. Und es gibt Menschen, die mit ansehen müssen, wie der Kollege im Büro nebenan schon zweimal an ihnen vorbeibefördert wurde, obwohl Sie doch fachlich eigentlich viel mehr zu bieten haben.

Jetzt ist Schluss mit Frust!

Fragen Sie sich nicht länger, warum andere scheinbar mühelos durchs Leben gehen. Auch Sie können alles erreichen, was Sie wollen.

Ist es nicht frustrierend, zu beobachten, wie immer nur den anderen alles zufliegt? Eine fantastische Ausbildung, tolle Freunde, ein Mann, der sie auf Händen trägt, bezaubernde Kinder, ein faszinierender Beruf ... »Warum ist das bei mir nicht so?« oder »Warum steckt mein Leben auf der Standspur fest?« fragen Sie sich dann. Die Antwort ist denkbar einfach: Diese anderen haben das gewisse Etwas zum Erfolg. Sie strahlen einfach von innen heraus – vor Selbstbewusstsein und Optimismus und sind stolz auf die Anerkennung, die ihnen ge-

zollt wird. Sie stehen immer im Mittelpunkt und bekommen stets, was sie wollen. Ihr Metzger spricht sie mit Namen an und erkundigt sich nach ihrem Befinden. Ihr Chef kümmert sich darum, damit er dieses Goldkind weiter zum Nutzen der Firma befördern kann.
Doch hören wir auf damit und verlängern die Qualen nicht weiter. Hören Sie auf damit, neidisch auf andere zu sein und diese damit in ihren Erfolgen zu bestätigen. Das verdirbt nur den Teint und die gute Laune. Gönnen wir all diesen Glückskindern ihr gutes Leben und schauen einmal, worauf dieses eigentlich beruht.

Sie haben es in der Hand, mehr vom Leben zu bekommen

Ihr inneres Strahlen ist es, das diese Gewinnertypen auszeichnet. Ihr Charisma macht jene natürliche Autorität aus, die sofort da ist, wenn sie einen Raum betreten, und der sich niemand entziehen kann. Die meisten Prominenten und Erfolgsmenschen besitzen diese Ausstrahlung, ohne die sie nicht die Gipfel erklommen hätten, von denen sie freundlich zu uns Menschlein herabblicken. Wirklich wenige haben allerdings so viel Glück, dass ihnen das Zeug zum Strahlemann in die Wiege und die Kinderstube gelegt wurde.
Andere, und das ist für uns wesentlich interessanter, haben an ihrer Ausstrahlung und ihrem starken Auftritt gearbeitet. Das ist dann auch die gute Neuigkeit. Schließlich heißt das nichts anderes, als dass auch wir – wenn wir wissen wie – jederzeit an unserer positiven Ausstrahlung und unserem ganz persönlichen Sympathie- und Erfolgsfaktor arbeiten können. Wobei arbeiten eigentlich das falsche Wort ist. Es ist zwar wirklich

Die eigenen Fähigkeiten und Stärken ans Tageslicht zu befördern, darum geht es in diesem Buch.

nicht ganz mühelos, sich von alten Gewohnheiten und jahrelang eingeübten Verhaltensmustern, mit denen wir uns selbst ins Abseits stellen, zu trennen. Doch in erster Linie ist diese Arbeit an sich selbst eher mit einem Gestaltungsprozess vergleichbar. Die Leinwand, auf der Sie arbeiten, das sind Sie selbst und das, was Sie an Persönlichkeit und Erfahrungen mitbringen. Ihre Farben, das sind die vielen noch verschlossenen Tuben mit Ihren bisher noch ganz unprominenten Vorzügen und Stärken. Und genau diese Stärken werden Sie mit Hilfe dieses Buches nicht nur Schritt für Schritt entdecken, sondern sie auch gezielt und aktiv für Ihre positive Ausstrahlung und Ihren gewinnenden Auftritt nutzen. Lieben und loben Sie sich selbst, dann werden es die anderen mit Sicherheit auch tun!

Lernen, über sich zu sprechen

Als ich Maja treffe, sieht meine Freundin wie so oft etwas müde und abgespannt aus. Maja ist eine Vielseitigkeitskünstlerin, nur sieht sie das leider selbst nicht so. Vielmehr neigt sie dazu, eigentlich alles was sie tut, als »nichts Besonderes« herunterzuspielen. Dabei absolviert sie seit Jahren jeden Tag ein Programm – wie übrigens viele Frauen –, das wirklich mehr als bewundernswert ist.

Fallbeispiel ▶

Maja ist Buchhändlerin und arbeitet an drei Tagen halbtags in einer Universitätsbuchhandlung. Sie ist verheiratet, kümmert sich um den Haushalt und ihre zwei schulpflichtigen Kinder, die sie zweimal die Woche zum Ballett und in die Flötenstunde

bringt. Seit sechs Monaten pflegt sie zusätzlich ihren krebskranken Vater. Jetzt überlegt Maja, ob sie ihren Job nicht »vorübergehend« aufgeben sollte, obwohl er eigentlich ihr einziger Lichtblick sei. Sie kann nicht mehr, sagt sie. Ich frage sie, warum sie erst jetzt darüber spricht, was sie jeden Tag leistet, und dass sie sich unbedingt eine Hilfe suchen sollte. Maja schüttelt den Kopf. Es lohnt doch nicht, ihretwegen jemanden einzustellen, sie könne das doch alles alleine erledigen. Ich entgegne, dass es doch aber schade wäre, wenn sie genau auf das, was ihr gut tut, verzichten würde.

Wie zufrieden bin ich wirklich?

Im Grunde genommen bezeichnet sich Maja als ganz zufrieden mit ihrem Leben. Sie hat ihren Wunschberuf und führt eine gute Beziehung. Ihre Kinder sind ihr Augenstern. Maja hat wie viele ihrer Geschlechtsgenossinnen nur ein Problem – das ist ihr mangelndes Selbstwertgefühl. Ihr Glas ist nie halb voll, sondern immer halb leer. Ihr gelingt es nur unter höchstem Leidensdruck – nämlich dann, wenn sie nicht mehr weiter kann – über ihre Leistungen zu sprechen. Dann empfindet sie diese nur noch als Belastung, als etwas Negatives, Erdrückendes. Dass sie Großartiges leistet, und das jeden Tag, möchte sie selbst nicht sehen – »Das tut man nicht. Das ist doch nicht der Rede wert.« Die Folge: Statt der erhofften Anerkennung und Unterstützung erhält sie höchstens Mitleid oder Kopfschütteln von ihren Zuhörern. Und das ist wohl das Letzte, was sie brauchen kann, wenn sie ohnedies fertig ist. Maja versagt sich, wie die meisten Frauen, Anerkennung für ihre Leistungen. Dabei ist Lob für sie so wichtig, damit sie als Vielseitigkeitskünstlerin weitermachen kann.

Erwarten Sie kein Lob, kümmern Sie sich darum

Maja wartet still darauf, dass ihr Mann und ihre Kinder spüren, wie sehr sie sich für sie aufopfert und ihren Bedürfnissen unterordnet. Sie hielte es für unfair oder sogar unter ihrer Würde, endlich einmal auf den Tisch zu hauen und zu sagen: »Hier bin ich! Das habe ich allein geleistet! Das will ich dafür haben!« Denn stilles Warten und Erdulden hat außer Magengeschwüren und Gramesfalten noch niemandem etwas gebracht.

Wenn Sie vom Leben mehr erwarten und Sie das Gefühl haben, dass in Ihnen noch viel mehr steckt, als die anderen bisher ahnten, dann warten Sie nicht darauf, dass das Glück an Ihre Tür klopft und Sie an der Hand nimmt. Machen Sie sich selbst auf die Suche und gehen Sie los.

In diesem Buch werden Sie jede Menge Anregungen finden, wie Ihnen das auf jeden Fall gelingt. Von der Entscheidung für Ihr eigenes Leben bis hin zu einem umfassenden Maßnahmenpaket für Ihre Öffentlichkeitsarbeit in eigener Sache finden Sie alles, was Ihnen einen guten und überzeugenden Auftritt verschafft.

Understatement bringt es nicht

Sprechen Sie aus, was Sie Tag für Tag im Beruf und für Ihre Familie leisten, und halten Sie nicht länger damit hinter dem Berg.

Es ist für Sie selbst und Ihren Erfolg im Leben leider völlig unbedeutend, ob Sie beruflich ein Riesenprogramm absolvieren oder es Ihren Lieben allzeit recht machen. Das allein reicht aber nicht. Fragen Sie sich lieber einmal: Warum hält dieses kleine Teufelchen in Ihrem Inneren Ihnen immer die Hand vor den Mund, wenn Sie wirklich etwas fertig gebracht haben, auf das Sie stolz sind. Aus Anstand, nur weil Sie gelernt haben, dass Sie zwar Gutes tun, aber nicht darüber reden sollen? Eine solch noble Haltung ist leider völlig falsch, denn in der

Konsequenz passiert nur eines: Sie werden von den anderen schlichtweg übersehen. Die Leute, die Sie im Leben in irgendeiner Weise voranbringen könnten oder mit denen Sie befreundet sein möchten, wissen von Ihnen, Ihren Stärken und Zielen überhaupt nichts.

Täuschen Sie sich nicht. Sich selbst zu mögen und das zu zeigen hat überhaupt nichts mit aufdringlichem Gehabe um eine großartige Person namens »Ich« zu tun. Gutes Eigenlob ist souverän und echt, und in jeder gesellschaftlichen Konstellation – sei es in der Familie, im Freundeskreis oder im Beruf – unverzichtbar. Zumindest wenn Sie so gesehen werden wollen, wie Sie wirklich sind.

Holen Sie sich Ihre Anerkennung – Sie gehört Ihnen!

Jeder Personalchef weiß, dass eine Karriere dazu verdammt ist, auf der Standspur zu versacken, wenn ihr Anwärter seine Vorzüge nicht überzeugend präsentieren kann. Bescheidenheit ist ganz und gar keine Zier, wenn Sie berufliche Pläne umsetzen wollen. Tatsächlich hängen 90 Prozent aller Storys von Glück und Erfolg von der gelungenen Darstellung der eigenen Vorzüge ab.

Dieser Wert lässt sich ohne weiteres auf den Privatbereich übertragen. Hier geht es um Selbstentfaltung, die Möglichkeit zur Weiterentwicklung und den gegenseitigen Respekt voreinander. Wer sich und seine Wünsche nach mehr Erfolg, nach mehr Freiraum oder mehr Gemeinsamkeit nicht positiv und klar vertritt, kann nicht erwarten, dass diese einfach von alleine anerkannt und erfüllt werden. Sie sind die einzige Person, die anderen klar machen kann, wie einzigartig Sie selbst und wie wichtig Ihre Visionen sind.

Wer immer stumm in der hintersten Reihe verharrt, kommt nicht weiter – ob im Beruf oder im Privatbereich.

Tipp !

Können und Image allein reichen nicht

- Die Leistungen eines Menschen sprechen nie für sich, sie machen nur einen minimalen Prozentteil in seiner Gesamtwirkung aus. Das heißt, auch wenn Sie noch so viele Überstunden machen und an den Wochenenden Fortbildungsveranstaltungen besuchen: Das allein ist es nicht – so viel Schweiß und Tränen es Sie auch kosten mag.
- Selbst der Eindruck, Den Sie durch Ihre Kleidung und Ihren Stil von sich vermitteln, reicht noch lange nicht aus, um bei den entscheidenden Personen wirkliches Interesse zu wecken. Das Image macht gerade ein Drittel unserer Gesamtperformance aus.

Nehmen Sie Ihr Leben in die Hand!

Es gibt verschiedene Gründe, warum es uns so schwer fällt, die Werbetrommel in eigener Sache zu rühren. Lesen Sie sich einmal die unten stehenden Fragen genau durch und entscheiden Sie spontan, bei welchen Sie sich am ehesten wiederfinden. Alle drehen sich um »Anti-Auftritte in eigener Sache«, die immer wieder dazu führen, dass Sie sich von anderen benachteiligt oder falsch eingeschätzt fühlen.

- Gehören Sie zu jenen Menschen, die viel lieber von den Großtaten Ihres Partners, Ihrer Eltern, Ihrer Geschwister oder Ihrer Freunde berichten als von sich selbst?

- Ist es Ihnen so unangenehm, sich ins Blickfeld zu rücken, dass Sie beispielsweise auf Gesellschaften vom Anfang bis zum Ende auf demselben Platz sitzen bleiben?
- Ist es Ihnen peinlich, von sich selbst zu erzählen, weil »man« das nicht tut?
- Haben Sie das Gefühl, jeder andere um Sie herum weiß viel besser, worauf es für Sie und in Ihrem Leben ankommt?
- Sind Sie davon überzeugt, Ihre Stimme hat bei niemandem Gewicht und hören tut Sie sowieso keiner, weil es niemanden interessiert, was Sie zu sagen haben?
- Lassen Sie Ihren Eltern, Ihrem Partner, Ihren Kindern oder Ihren Kollegen in Bezug auf Belohnungen und Belobigungen den Vortritt, weil Sie glauben, diese sind erfahrener, mehr wert, klüger, liebenswerter oder besser als Sie?
- Bleiben Sie auf einer Gesellschaft lieber ironisch lächelnd im Hintergrund und sind grundsätzlich davon überzeugt, dass sich die anderen wie üblich wie Idioten aufspielen?

Es ist an der Zeit, etwas zu ändern, ...

... wenn Sie auch nur eine der obigen Fragen positiv für sich beantworten können. Packen Sie es wirklich an, Sie werden sehen, dass Sie sich schon in Kürze besser fühlen. Die Gründe für innere Barrieren, die uns daran hindern, sicher und souverän für uns selbst einzutreten, sind vielschichtig und hängen stark mit unserer eigenen Geschichte und unseren Erfahrungen zusammen. Trotzdem können Sie wie jeder andere jederzeit damit beginnen, Ihren Auftritt, Ihre Ausstrahlung und damit Ihre Lebensqualität zu verbessern.

Hören Sie noch heute damit auf, andere für besser und perfekter zu halten.

Zuerst einmal werden Sie üben, sich von innen wieder aufzurichten. Lernen Sie, ein positives und stimmiges Bild von sich

selbst und Ihren Visionen zu entwickeln. In der zweiten Hälfte des Buches werden Sie trainieren, wie Sie sich Tag für Tag unterstützen können, wie Sie Ihr »neues« Ich pflegen und zum Strahlen bringen. Sie werden feststellen, dass sich Ihre Visionen von Erfolg und Glück tatsächlich umsetzen lassen!

Weg mit dem Negativ-Image der »grauen Maus«

Noch heute werden Kinder auf bestimmte Rollen hin erzogen – das brave Mädchen, das nicht aufmuckt, gibt es leider immer noch.

Die »graue Maus« ist das Paradebeispiel der weiblichen Variante von nicht vorhandener Ausstrahlung. Graue Mäuse werden grundsätzlich übersehen. Zwar ist das weibliche Selbstbild im Vergleich zu den vorigen Frauengenerationen heute positiver und stärker geworden. Trotzdem gibt es immer noch Mädchen, die dahin erzogen werden, brav auf ihre Anerkennung zu warten. Hauptsache, sie sind schön still und tun, was man ihnen sagt. Ganz im Gegensatz zu vielen Jungen, bei denen eher Eigeninitiative, forsches Auftreten und Originalität gefördert werden. Verständlicherweise tun die sich dann als Männer leichter, unbefangener und souveräner über ihre Leistungen und Vorzüge zu sprechen. Zwar ist eine geschlechtsspezifische Erziehung heute verpönt, trotzdem tragen viele erwachsene Frauen ihr »Graue-Maus-Programm« mit sich herum und leiden unter Schweißausbrüchen und wackligen Knien, wenn sie sich vor anderen in irgendeiner Form stark machen müssen. Ab heute ändert sich das!

Weg mit dem Negativ-Image der Kontroll-Frau

Andere haben ein ganz anderes Problem mit ihrem Selbstbewusstsein. Sie sind durchdrungen von dem Gefühl, intelligenter, feinsinniger oder überlegener als andere zu sein. Ihre Überheblichkeit soll Stärke und Selbstbewusstsein demonstrieren

in dem Sinne von: »Euch habe ich nicht nötig! Ich habe alles unter Kontrolle.« Sicher, es gibt berühmte Einzelgänger und -kämpfer, die ihren Weg gemacht haben. Aber den gehen sie eben auch alleine. Kontrollfreaks gewinnen keine Sympathien, sie wirken nicht liebenswert, sondern verkrampft. Häufig findet man bei diesen Menschen einen Hang zu überzogenen Leistungsansprüchen an sich selbst, gekoppelt mit dem Drang zur Perfektion.

Verletzte oder unterdrückte Kinderseelen müssen als Erwachsene nicht zwangsläufig schüchtern und zurückhaltend werden und damit an Ausstrahlung verlieren. Angst und Wut (vor den Großen) machen sie ebenfalls klein. Die innere Kleinheit wird kaschiert. Als Heranwachsender und Erwachsener beginnt man dann zu kontrollieren – sich selbst und andere. Es gibt kein Vertrauen in die eigene Person und zu anderen. Das Leben wird zu einem einsamen Geschäft. Auch hier ist es an der Zeit, sich endlich zu mögen und ein gutes Bild von sich selbst zu entwickeln.

Selbstbewusstsein kann man lernen – in jedem Alter!

Mauerblümchen oder Sonnenblume?

Die kindliche Programmierung wirkt noch lange in uns nach – oft bis hinein ins Erwachsenenalter. Doch sind wir heute erwachsen und keine hilflosen kleinen Mädchen mehr. Wenn Sie als Kind nicht Ihre Persönlichkeit entfalten durften, dann können Sie das jetzt als Erwachsene tun. Es kann nicht Ihr Schicksal sein, als Mauerblümchen in der Familie oder in Ihrer Abteilung vor sich hin zu darben. Bitterkeit und Dauerfrust sind keine Perspektive, für die es sich zu leben lohnt.

Gehen Sie es an: Stolpersteine werden Ihnen wie jedem anderen auch weiterhin im Leben begegnen, selbst wenn Sie zur

Konzentrieren Sie sich auf Ihre Ziele!

selbstbewusstesten Frau der Welt werden. Die Barrieren sehen nur anders aus und sind nicht unüberwindlich. Die Frage, die zählt, ist allein: Was wollen Sie von Ihrem Leben, und was können Sie für sich tun, damit Sie dorthin kommen?

Die volle Verantwortung übernehmen

Als ich Petra gegenübersaß, wurde ich meine Zweifel nicht los. Konnte mir diese attraktive, gut gelaunte Frau in dem gut geschnittenen Leinenkleid und sorgfältig gestylt tatsächlich etwas Wesentliches über die Wandlung vom unglücklichen Entlein zur strahlenden Powerfrau erzählen? Die war doch bestimmt schon immer so ...

Fallbeispiel ▶

Petra erzählte mir ihre Geschichte: »Ich wuchs in einer Kleinstadt auf und war ein braves Kind, wie es so schön hieß. Nach der Mittleren Reife machte ich eine Ausbildung zur Industriekauffrau in der Baustofffirma meines Onkels. Gott, was habe ich da geackert! Ich war ja so fleißig. Für eine Kollegin, die ich wahnsinnig toll fand, habe ich sogar Überstunden geschoben, nur damit sie mal mit mir in die Disco geht. Hat sie natürlich nie gemacht. Ich wurde immer frustrierter, und eigentlich machte mir das alles überhaupt keinen Spaß. Aber ich dachte, es könnte trotzdem gehen. Als es zum zweiten Mal darum ging, dass ich endlich zur Einkaufsleiterin befördert werden sollte, tauchte wieder eine Bewerberin auf, die mehr drauf hatte als ich.
Ich litt schon seit längerem an chronischen Magenbeschwerden. Die wurden unter dem Druck und Dauerfrust unerträglich. Irgendwann hatte ich die Eingebung, zu einer Heilpraktikerin zu

Petra wünschte sich einen Beruf, in dem sie ihre Kreativität mit ihrem kaufmännischen Wissen verknüpfen konnte.

gehen – ein Riesenglück. Schon in den ersten Gesprächen mit ihr wurde klar, dass ich sehr viel in meinem Leben ändern müsste, um wieder gesund zu werden. Ich begann auf Anregung meiner Therapeutin mit Yoga. Das tat mir gut und ich lernte, in mich hineinzuhören. Die Frauen in der Gruppe waren mir gleich sympathisch. Bald trafen wir uns auch privat, sprachen über dies und das. Und endlich fand mich mal jemand nett, so wie ich war. Schließlich ging ich es an und suchte mir einen neuen Job. Tja, und der Rest ergab sich. Für die Galerie wurde damals eine Assistentin gesucht, 100 Kilometer von meiner Heimatstadt entfernt. Meine Chefin war angetan von meiner Ernsthaftigkeit, aber auch von meiner Begeisterung für die schönen Dinge, die sie verkaufte. Dann suchte ich mir eine Wohnung, und plötzlich begann mein neues Leben. Ich hatte Freunde, unternahm viel, ging in Ausstellungen, traf mich abends auf ein Glas Wein … Ja, und seit einem Jahr leite ich unsere neue Filiale!«

Petras Entpuppung

Petra hatte einen langen Leidensweg hinter sich. Es kostete sie fast ihre Gesundheit, um zu der Entscheidung zu kommen, ihr Leben endlich zu ändern. Das ist übrigens bei vielen Menschen der Fall. Unser Körper spricht eine sehr deutliche Sprache, was wir uns selbst wert sind. Petra verstand nach langer Zeit die Botschaft und lernte, sich mit Hilfe eines Therapie- und Entspannungsprogramms auf sich selbst zu konzentrieren. In der Folge gelang es ihr dann auch, sich aktiv für sich und ihre Visionen einzusetzen. Sie entschied sich dafür, ihr Leben radikal zu ändern. Die Belohnung war ihre neu gewonnene Ausstrahlung. Es war, als wäre ein Kokon, der bislang den Blick auf ihr wahres Ich verstellt hatte, von ihr abgesprungen.

Zeit für Ihr neues Positiv-Programm

Zeit für Ihr neues Positiv-Programm

»Wer angibt, hat mehr vom Leben« hieß eine TV-Dokumentation, die vor einiger Zeit ausgestrahlt wurde. Zu viel erwartete ich mir bei diesem albernen Titel ja nicht gerade. Trotzdem sah ich mir die Sendung an. Im weitesten Sinne, so dachte ich mir, gehört Angeben ja auch zum Klappern in eigener Sache. Gut, dass ich auf meine Intuition gehört hatte. Ich habe an diesem Abend wirklich viel gelernt – was man ja vom Fernsehen nicht unbedingt jeden Tag behaupten kann. Sandra, Rainer, Alina und Jana schauten in mein Wohnzimmer, berichteten über ihre Visionen vom besseren Leben mit mehr Erfolg, Spaß und Glück und schilderten, wie sie es anstellten, zumindest in die richtige Richtung zu gehen.

Unerschrocken auf dem Weg zu einem besseren Leben

Es war herzerfrischend: Jeder der vier hatte im Gepäck gerademal seinen Traum vom besseren Leben, dazu eine gute Hand voll Selbstbewusstsein und eine große Portion Unerschrockenheit. Als ich sie bei ihren Auftritten beobachtete, war ich mir sicher, dass diese vier es schaffen würden – irgendwann. Wie sie sich präsentierten war umwerfend, eine Mischung aus Unkompliziertheit, Optimismus, ein wenig »Lebenslaufklitterung« hier und da (das meinte der Sender wohl mit »angeben«)

Legen Sie los

Tipp

Nicht jeder ist so jung, frisch und noch unverdorben von den Prüfungen, die das Leben so bereithält, wie diese vier Glücksritter. Aber jeder von uns hat die Chance, zu gewinnen. Also:

- Nehmen Sie Ihr Leben in die Hand.
- Zeigen Sie keine Furcht (und wenn es einen Grund gibt, sich zu fürchten, schaffen Sie ihn ab!).
- Zeigen Sie Ihre Einzigartigkeit.
- Gewinnen Sie mit Selbstbewusstsein Sympathien.
- Entwerfen Sie Ihre Vision von einem besseren Leben.

und Furchtlosigkeit. Auch wenn ihnen der Wind ins Gesicht blies, erhielten sie sich den Glauben an sich selbst. Das Leben, das bessere, so bin ich überzeugt, wird ihnen die Tür öffnen.

Ich bin gut so!

Ein starkes Selbstbewusstsein ist die Grundlage für jeden überzeugenden Auftritt. Wenn Sie sich so mögen, wie Sie sind, dann werden das auch andere tun. »Eine wie keine« zu sein mit Ecken und Kanten, Stärken und Schwächen, Wünschen und Visionen, das macht Sie aus und für andere einschätzbar und sympathisch.

Wenn Sie unsere vier Glücksritter aus der TV-Dokumentation gefragt hätten, was sie an sich gut finden oder was sie besonders an sich mögen, hätte sicher jeder wie aus der Pistole geschossen eine ganze Liste von Qualitäten und Einzigartigkeiten zu bieten gehabt.

Ob diese Liste nun etwas geschönt wäre oder nicht, ist dabei völlig egal. Wichtig ist nur, dass alle ein sehr positives Selbstbild von sich verkauft haben. Das kann ruhig die eine oder andere Macke oder Unebenheit haben, solange sie auch diese an sich o.k. finden.

Das Selbstbild, das viele von sich haben, entspricht oft nicht der Realität. Meist fällt es negativer aus.

Tatsächlich ist unser Selbstbild unser Kapital, wenn es darum geht, wie wir nach außen wirken und ob andere Leute uns mögen oder sogar bereit sind, uns zu fördern. Das Bild, das Sie von sich selbst haben, zeigt anderen

- wie sehr Sie sich selbst achten und wertschätzen,
- ob Sie selbstsicher oder unsicher sind,
- ob Ihre Aktionen und Entscheidungen natürlich und überzeugend wirken,
- ob Sie gefühlsmäßig stabil sind,
- ob Sie Erfolg im Leben haben und glücklich sein können,
- ob Sie in der Lage sind, positiv und ohne Einschränkungen von Ihren Leistungen und sich zu sprechen.

Wie stolz sind Sie auf sich?

Überlegen Sie einmal in aller Ruhe, wie Sie auf andere wirken. Stellen Sie sich dazu vor, Sie sollen einem fremden Menschen ein wenig von sich erzählen, so dass ein freundlicher Smalltalk in Gang kommt. Der andere ist vielleicht ein Gast auf einer Party, mit dem Sie am Buffet ins Plaudern kommen. Um Sie zu inspirieren, finden Sie nachfolgend zwei Beispiele – kleine Übertreibungen sind hierbei völlig beabsichtigt und sollen die Anschaulichkeit fördern:

Fallbeispiel

Margit: »Ja, also ich bin jetzt seit sieben Jahren als Marktforscherin bei dieser Firma. Und was soll ich sagen, Sie kennen das Geschäft ja. Als Frau kann ich es in meinem Alter vergessen zu wechseln. Und im Haus komme ich auch nicht viel weiter. Ich hätte doch noch ein Zusatzdiplom machen sollen. Naja, und als Abteilungsleiterin müsste ich auch viel nach außen gehen, und ich weiß gar nicht, ob ich dazu Lust hätte. Kündigen kann ich bis Ende 2003 auch nicht, ich finanziere nämlich gerade mein neues Auto. Aber was soll's, das Leben geht ja trotzdem weiter …«
Sabine: »Ja, die Gastgeberin ist eine Kollegin. Ich komme immer gerne hierher, weil sie wirklich tolle Partys organisiert, und man lernt bei ihr immer jede Menge interessanter Leute kennen. Ob ich mit denen ein wenig quatschen kann oder einfach Spaß habe, ich habe mich hier noch nie gelangweilt. Ja, und Sie werden es kaum glauben. Auf der letzten Party habe ich sogar meine jetzige Chefin kennen gelernt. Die hat mich vom Fleck weg engagiert. Toll, oder? Ja, und jetzt habe ich jede Menge zu tun, bin viel unterwegs und kann endlich mal mein hart erarbeitetes Know-how in Sachen Marktforschung kreativ unter die Leute bringen. Eigentlich sollte ich weniger auf Partys gehen und mehr schlafen. Aber das Leben ist zu kurz, finden Sie nicht auch?«

And the winner is …

Seien Sie ganz ehrlich. Mit welcher dieser beiden Partygäste identifizieren Sie sich eher? Mit Margit? Sie ist zwar insgesamt nicht unsympathisch und mag auch ganz nett angezogen sein, strotzt aber nicht gerade vor Elan. Man kann den anderen Gast auf alle Fälle verstehen, wenn er sich bereits kurz nach diesem Gespräch verabschiedet, um sich einen Drink zu holen – und für den Rest des Abends nicht wieder aufzutauchen.

Jeder kann eine positivere Ausstrahlung erreichen – man muss nur damit anfangen.

Oder sind Sie wie Sabine? Ein Fräulein Munter und Zufrieden, die sich ganz entspannt ins rechte Licht rückt. Sie wirkt sicher und sympathisch, und man hat sogar Lust, sie danach zu fragen, was sich hinter ihrem Know-how verbirgt – selbst wenn es um ein so trockenes Thema wie Marktforschung geht.
Man muss kein Psychologe sein, um die Ursache für die unterschiedliche Ausstrahlung von Margit und Sabine festzustellen: Es ist ihr Selbstbild. Jetzt könnten Sie einwenden: »Das ist ja schön und gut. Nur, wie soll die arme Margit ihr schlechtes Selbstbild von einem Tag auf den anderen loswerden? Das ist doch völlig unmöglich.« Recht haben Sie. Von einem Tag auf den anderen geht das wirklich nicht. Aber jeder hat es in der Hand, sofort damit zu beginnen. Das ist nach der Entscheidung für ein Leben mit mehr Spaß der wichtigste Schritt auf dem Weg zu einer überzeugenden Ausstrahlung.

Ihr Glücks- und Sympathiefaktor: Ihr Selbstbewusstsein

Überlegen Sie einmal, wen Sie sympathisch finden, wer Ihnen gefällt oder mit wem Sie gerne befreundet wären. Wahrscheinlich würden Sie dem- oder derjenigen ohne lange zu überlegen Eigenschaften wie Charme, Ausstrahlung, Freundlichkeit, Begeisterungsfähigkeit und Attraktivität zuschreiben.
Menschen mit einer guten Ausstrahlung sind Sympathiensammler. Manche von ihnen kamen schon als Sonnenkinder mit einem Lächeln auf den Lippen zur Welt. Andere mussten erst einmal damit anfangen, ihr inneres Strahlen zum Vorschein zu bringen. Aber auch das funktioniert – und zwar immer!

Was ein gesundes Selbstbewusstsein ausmacht

Menschen mit einem gut ausgebildeten Selbstbewusstsein fällt das Leben leichter. Sie sind stolz auf sich, trauen sich etwas zu und können Rückschläge besser wegstecken. Sie wirken sympathisch, begeisterungsfähig und interessieren sich für andere. Denn für solche Menschen gilt:

- Je stabiler ihr Selbstbewusstsein ausgebildet ist, desto positiver denken sie über sich selbst.
- Je positiver ihr Selbstbild ist, desto gewinnender ist ihre Ausstrahlung.

Wo und wann unser Selbstbewusstsein entsteht

Unser Selbstbewusstsein entwickelt sich bereits in den ersten drei Lebensjahren. Bewusst an unsere Kindheit erinnern können wir uns allerdings meist erst ab dem dritten Lebensjahr. Alles, was davor war, versinkt ins Unterbewusstsein, hat allerdings von hier aus ständig Einfluss auf unser weiteres Leben. Insgesamt sind für die Entwicklung unseres Selbstbildes Eltern, Erzieher und später auch Gleichaltrige sehr wichtig. Ihre Meinungen über das Leben und andere Menschen sowie die Werte, die sie aufstellen, prägen uns. Ein Kind hält die Äußerungen und das Verhalten seiner Vorbilder für die reine Lehre und richtet sich danach. Jeder von uns ist mit solchen »Wahrheiten« groß geworden und hat sie – wenn auch oft unbewusst – verinnerlicht. Eine Reise in die Vergangenheit kann das Programm zu Tage fördern, das heute noch jeden positiven oder negativen Gedanken über Sie selbst und Ihr Verhalten anderen Menschen gegenüber bestimmt. Fangen wir jedoch zuerst mit Ihrer jetzigen Lebenssituation an. Welches Verhalten empfinden Sie selbst als belastend?

Tipp !

Erkennen Sie sich selbst?

Programmierungen aus der Kindheit prägen unser Selbstbild und unser Verhalten:

- Sie nehmen Kritik oft persönlich. Wenn Sie sich schlecht behandelt fühlen, treten Sie den Rückzug an, anstatt für sich einzutreten.
- Sie neigen zu Depressionen. Rückschläge nehmen Sie hin mit: »So bin ich eben. Bei mir geht immer alles schief.« Sie können sich ein anderes Leben als das jetzige nur schwer vorstellen.
- Sie überlassen Herausforderungen lieber anderen Menschen. Ihr Misserfolg in solchen Angelegenheiten scheint Ihnen vorprogrammiert.
- Wenn es um Ihr Aussehen oder Ihre Leistungen geht, vergleichen Sie sich immer mit anderen. Es gibt immer wieder jemanden, der schöner, schlanker oder besser ist als Sie.
- Sie sind davon überzeugt, dass Ihre Eltern, Ihr Partner oder Ihr Chef ein besserer Wegweiser durch Ihr Leben sind als Sie selbst.
- Sie glauben, dass Sie mehr leisten müssen als andere, um überhaupt etwas wert zu sein.
- Sie opfern sich für andere auf, verkaufen das jedoch nicht als Pluspunkt und hoffen, dass andere Sie eines Tages »belohnen« werden.
- Wenn Sie von anderen gelobt werden, werten Sie Ihre eigenen Leistungen ab. Mit Kritik setzen Sie sich lieber auseinander.

Denkblockaden machen uns das Leben schwer

Sie sehen, wie groß der Einfluss unseres Selbstbewusstseins auf unser Fühlen, unser Handeln und unseren Umgang mit anderen Menschen ist. Trotzdem ist ein schwach und negativ programmiertes Selbstwertgefühl kein Schicksal. Mir begegnen immer wieder sympathische und liebenswerte Menschen, die sich mit ihren Denkblockaden scheinbar auf ewig zum Scheitern verurteilen. Viele lassen das Riesenpotenzial, das in ihrem Inneren seit Jahren brachliegt, gar nicht zu. Oder sie wagen es nicht, über den eigenen Tellerrand zu blicken und sind so resigniert, dass sie sich mit ihrem Leben, so wie es ist, einfach abgefunden haben.

Sie allein sind die Macherin

Es ist nicht einfach, die eigenen Gedankenfesseln zu sprengen und sich auf den Weg zu einem neuen Leben zu machen. Eingefahrene Bahnen sind auch vertraute Bahnen, mögen diese auch noch so holperig sein. Nur weil Sie es nie gelernt haben oder es Ihnen durch Negativprogramme versperrt wurde, heißt das aber noch lange nicht, dass Ihr Leben auch fortan nur aus Selbstbeschränkung bestehen muss. Heute haben Sie Ihr Geschick ganz allein in der Hand – selbst wenn es Ihnen nicht so vorkommen mag, weil Sie sicher sind, dass andere über Ihr Los bestimmen.

Oft fällt es uns schwer, uns von alten Gewohnheiten zu lösen – selbst wenn diese als belastend und negativ erfahren werden.

Sie werden sehen: Wenn Sie sich bewusst gemacht haben, woher diese Gedanken und Ihre Programmierung stammen, dann sind Sie auch in der Lage, Ihre Gegenwart zu ändern. Und das können – und müssen – Sie für sich selbst erledigen, schließlich sind Sie allein – wie es so schön heißt – Ihres »Glückes Schmied«.

Wie die innere Programmierung entsteht

Wie wir uns selbst heute sehen und empfinden, hängt eng mit so genannten »Du-Botschaften« zusammen, die wir von Kindheit an immer wieder gehört und verinnerlicht haben. Unter »Du-Botschaften« versteht man die Urteile, Meinungen oder Erwartungen unserer Eltern, Erzieher und Vorbilder.

Nur wer weiß, wie er in eine bestimmte Rolle oder Haltung hineingerutscht ist, die er nicht an sich mag, kann sich davon auch wieder verabschieden.

Genauso einflussreich bei der Entwicklung unseres Selbstbewusstseins ist das familiäre Klima mit all seinen Verstrickungen und Vernetzungen der einzelnen Familienmitglieder untereinander sowie die Werte, die uns beigebracht wurden und oft immer noch werden. Jedes Kind möchte zu seiner Familie gehören – egal, wie harmonisch oder chaotisch es in ihr auch zugehen mag. Es glaubt an die absolute Richtigkeit von diesen »Du-Botschaften«. Es nimmt familiäre Spannungen auf, spiegelt sie wider oder übernimmt sie. Hier nenne ich Ihnen einige Beispiele für derartige Negativ-Botschaften. Ich bin mir sicher, dass Sie die eine oder andere wiedererkennen:

- Ganz der Papa/die Mama.
- Du bist doch schon ein großer Junge/ein großes Mädchen.
- Du warst immer ein so braves Baby.
- Musst du immer den Clown spielen?
- Du darfst bei uns nicht mitspielen.
- Stell dich nicht dümmer als du bist.
- Mach doch endlich mal den Mund auf.
- Gib dir doch wenigstens ein bisschen Mühe.
- Du bist so hässlich, wenn du weinst.
- Solange du deine Füße unter meinen Tisch streckst, tust du, was ich dir sage.
- Das tut doch gar nicht weh!

Familiäre Muster mit Tiefenwirkung

Die Familientherapie setzt sich heute intensiv mit diesen Mustern, die wir aus unserer Herkunftsfamilie übernehmen, auseinander. Die früh eingeprägten Rollen und Einstellungen reichen so weit, dass wir selbst als Erwachsene in bestimmten Situationen genauso handeln und fühlen wie damals als Kind. Hier liegt der Knackpunkt. Ein Kind ist nicht in der Lage zu unterscheiden, was in seiner Familie vernünftig, richtig oder falsch ist. Es nimmt alles als wahr an. Daher können diese »Du-Botschaften« ungehindert in das Unterbewusstsein sickern. Wir verinnerlichen sie genauso wie Vorstellungen und Erwartungen darüber, was aus uns werden soll und wie andere uns sehen. Wie traumatische Kindheitserfahrungen können sie uns aber in unserer Entfaltung und in der Entwicklung eines stimmigen Selbstbildes, zu dem wir immer stehen können, behindern. Hinter jedem unsicheren Erwachsenen steht immer ein verunsichertes Kind.

Verabschieden Sie sich ganz bewusst von Rollen oder Einstellungen, die ohnedies nicht mehr passen. Schließlich ist Ihr Leben längst weitergegangen.

Wie unser »inneres Kind« unser Leben bestimmt

Vielleicht glauben Sie heute immer noch daran, dass Sie nur dann liebenswert sind, wenn Sie die Erwartungen Ihrer Mutter, Ihres Vaters, Ihres Mannes oder Ihres Chefs erfüllen. Oder Sie sind sicher, dass Sie selbst eigentlich nichts Besonderes sind, dafür aber Ihre beste Freundin, Ihr Mann oder Ihre Kinder. Vielleicht denken Sie auch, dass nur brave Mädchen, die immer lieb lächeln oder nur starke Jungen, die sich von niemandem etwas gefallen lassen, im Leben weiterkommen. All diese Überzeugungen, die unsere Ausstrahlung negativ beeinflussen, wurzeln in unserem »inneren Kind«, das wir bis heute mit uns herumtragen.

Leinen los!
Besser heut als nie

Leinen los!
Besser heut als nie

Wenn Sie Ihre Ausstrahlung und Ihren persönlichen Erfolgsfaktor nachhaltig verbessern wollen, wenn Sie endlich dahin kommen möchten, dass Sie sich ganz und gar so wie Sie sind mögen und gut finden, dann müssen Sie eines endlich in Angriff nehmen: Machen Sie Ihr bisheriges Negativ-Programm unwirksam. Lassen Sie Ihr Lebensschiff wieder Fahrt aufnehmen und trauen Sie sich ruhig auch in stürmischere Tiefen, wenn Sie nicht ewig im seichten Hafengewässer vor sich hin dümpeln möchten. Lassen Sie die Leinen los und machen Sie sich auf den Weg!

Der erste Schritt: Zurück zu den Wurzeln!

Der erste Schritt in Ihre neue Zukunft ist immer erst ein Schritt zurück.

Eine der wirksamsten Methoden, um endlich loszugehen, ist eine klare und ehrliche Selbstanalyse. Dazu geht es zurück in Ihre Kindheit und Jugend. Hier wurzeln, wie wir gesehen haben, die Blockaden und Hindernisse für ein positives Selbstbild, ein starkes, gewinnendes Auftreten und ein Leben mit vielen Glücksmomenten.

Das Prinzip dieser Selbstergründung ist der Familientherapie entlehnt und relativ einfach. Unbedingte Ehrlichkeit sich selbst gegenüber ist allerdings die absolute Voraussetzung. Denn nur so können Sie einen Blick hinter Ihre Gefühls- und Verhaltensmuster werfen und sie ans Licht befördern. Suchen Sie in

Ihrer Erinnerung nach Bildern und »Du-Botschaften«, die bis heute ein ungutes Gefühl bei Ihnen hinterlassen und befreien Sie sie aus dem Unterbewussten. Es ist ein erster Schritt, sich diese Botschaften erst einmal bewusst zu machen. Dann können Sie ebenso bewusst darangehen, alte hemmende Muster umzuprogrammieren.

Ursachenforschung in eigener Sache

Es ist weniger ein heiterer Sommerspaziergang als eine Wanderung über Stock und Stein, wenn Sie Ursachenforschung in eigener Sache betreiben. Wie weit Sie gehen wollen, um Ihrem Selbstwertgefühl wieder auf die Sprünge zu helfen, das müssen daher auch Sie ganz allein für sich entscheiden. Es kann im Rahmen einer gründlichen Selbstbefragung geschehen, vielleicht mit Unterstützung durch aufrichtige (beste) Freunde oder Freundinnen. Im Zweifelsfall, wenn die Erinnerungsknoten schwierig aufzulösen und traumatisch beladen sind, hilft eher eine Psychotherapie oder -analyse.

Wer sich auf eine Reise in die eigene Vergangenheit begibt, muss damit rechnen, dass auch Negatives zu Tage gefördert wird.

Wichtig ist nur, dass Sie eine Entscheidung für sich selbst treffen. Erklären Sie ein Leben, mit dem Sie nicht zufrieden sind, nicht zu Ihrem unabwendbaren Los. Wenn Sie das Gefühl haben, in Ihrem Alltag bewegt sich nichts von der Stelle, wenn Sie das Gefühl haben, keiner weiß, was eigentlich in Ihnen steckt, dann packen Sie es an! Kein Mensch zwingt Sie, so weiterzumachen wie bisher.

Blick zurück ohne Zorn

Und noch etwas: Kommen Sie jetzt bitte nicht auf Rachegedanken, während Sie an all die bösen Menschen denken, die Sie so schlecht programmiert haben oder es immer noch tun.

Greifen Sie nicht zum Telefon, um Ihrer Mutter oder Ihrer Sportlehrerin nach all der Zeit endlich einmal die Meinung zu geigen. Erstens ändert das an Ihrem Selbstbild und Ihrem Auftreten im Moment wenig, zweitens sind die anderen, wie sie sind. Auch sie haben ihr Schicksal, nur haben sie sich nie daraus befreien können.

Menschen, die Ihnen schaden wollen, bieten Sie ab heute keine Angriffsfläche mehr.

Achten Sie die anderen in ihrer Einzigartigkeit, auch wenn Sie Ihnen noch so weh getan haben mögen, und lassen Sie das Negative nicht mehr an sich heran. Es hat nichts mit Ihnen zu tun! Diese Entscheidung haben Sie von heute an getroffen. Bleiben Sie bei Ihrer Selbsterfahrungs-Übung deshalb so gelassen wie möglich. Sie sind niemandem mehr wehrlos ausgesetzt. Keiner kann Ihnen etwas tun – außer Sie lassen es zu. Wenn Sie es nicht wollen, hat kein Mensch mehr Einfluss auf Sie, der es nicht gut – oder zu gut – mit Ihnen meint.

Machen Sie sich frei für Neues

Wenn Sie auf die erste bewusste Reise in Ihre Vergangenheit gehen, nehmen Sie sich dazu ein paar Stunden Zeit, in denen Sie von niemandem gestört werden. Ihre Erinnerung muss Gefühle zulassen, die alte, vielleicht auch »vergessene« Eindrücke und Erlebnisse betreffen. Manche bewirken Freude oder sogar Glücksgefühle, andere vielleicht Schmerz, Wut oder Trauer. In alle sollten Sie sich hineinfühlen und versuchen nachzuvollziehen, warum die einen etwas Positives in Ihnen auslösen und andere Negatives. Wenn es Ihnen hilft, können Sie nach Ihrer Selbstanalyse auch mit einem vertrauten Menschen über Ihre Gefühle sprechen. Wichtig dabei ist Offenheit und bedingungslose Ehrlichkeit auf beiden Seiten. Oft löst sich im Gespräch der eine oder andere Erinnerungsknoten, klären sich bestimmte Verhaltensmuster. Je mehr Sie von Ihren inneren Knackpunkten erkennen können, desto wirkungsvoller können Sie sie in neue starke und positiv besetzte Verhaltensmuster umwandeln.

Sehen Sie sich Ihre Geschichte an

Arbeiten Sie mit Bildern. Nehmen Sie sich Ihre Fotoalben vor und suchen Sie Porträts von sich selbst heraus, die Ihnen besonders wichtig sind oder bei denen Sie etwas Starkes empfinden. Fangen Sie mit einem Motiv aus dem Babyalter an, gehen Sie weiter mit Bildern aus Ihrem Kleinkind- und Kindergartenalter. Dann legen Sie Bilder aus der Zeit dazu, als Sie eingeschult wurden, Fotos aus Ihrer Pubertät, der Jugendgruppe oder der Band, in der Sie gespielt haben, aus Ihrer Ausbildungszeit, dem Studium, Ihrer ersten wichtigen Beziehung ... Auf alle wichtigen Stationen in Ihrem Leben sollte Ihr Blick fallen bis zu dem Bild, auf dem Sie Ihr Gesicht von heute entdecken.

Das Blättern in alten Fotoalben kann lang verborgene Sehnsüchte und Ziele in Ihnen wachrufen. Warum haben Sie sie noch nicht erreicht?

Versuchen Sie sich beim Betrachten Ihrer Bilder die folgenden Fragen zu beantworten:

- Wie haben Sie sich in den verschiedenen Lebensstadien gefühlt?
- Was haben Ihnen Ihre Großeltern, Eltern und Freunde über Sie erzählt?
- Mit welchen Bildern verbinden Sie angenehme oder glückliche Empfindungen, bei welchen fühlen Sie Wut oder Trauer?
- Wie sehen Sie sich heute? Geht es Ihnen gut? In welcher Atmosphäre leben Sie?

- Sind Sie zufrieden mit sich und Ihrem Leben?
- Was mögen Sie an den Menschen, mit denen Sie zusammenleben, was stört Sie?
- Was glauben Sie, könnten Sie ändern, damit Sie sich besser fühlen?

Hören Sie in sich hinein

Wenn Sie Ihre Bilderreise beendet haben, lassen Sie einige Tage verstreichen, bis Sie sich an den nächsten Schritt machen, mit dem Sie Ihrem inneren Programm näher kommen.
Nehmen Sie sich dazu wieder eine ganz persönliche Auszeit, in der Sie niemand stört, und schreiben Sie ganz konzentriert alle »Du-Botschaften« – positive wie negative – auf, die spontan vor Ihrem inneren Ohr auftauchen. Notieren Sie auch Sätze und Gedanken, die Ihnen im Alltag immer wieder durch den Kopf schießen und mit denen Sie sich vor allem in Belastungssituationen selbst schwächen oder im Weg stehen. Dazu gehören solche Sätze wie »Das schaffe ich nie«, »Das kann ich vergessen« oder »Die mögen mich einfach nicht«.

Ihre bisherige Programmierung hat mit Ihnen vom heutigen Tag an nichts mehr zu tun! Sie bestimmen ab heute Ihre neue Richtung und achten darauf, dass Sie nicht mehr von Ihrem Weg abkommen.

Sobald Sie Ihr Negativ-Programm Punkt für Punkt und schwarz auf weiß vor sich liegen haben, dürfte wieder einiges von Ihnen selbst und damit auch die Ursache für bestimmte Verhaltensweisen ans Licht gekommen sein. Beginnen Sie deshalb gleich im Anschluss daran, solange die Eindrücke noch »frisch« sind, dieses Programm zu neutralisieren.
Das geschieht durch eine einfache, aber höchst wirkungsvolle Geste: Streichen Sie die Sätze entweder dick durch oder zünden Sie das Papier, auf dem sie festgehalten sind, an und sehen Sie zu, wie sich Ihre Programmierung buchstäblich in Rauch auflöst.

Die neuen Säulen Ihres Selbstwertgefühls

In einem letzten Schritt schreiben Sie nun auf ein großes Blatt Papier gut lesbar die folgenden Sätze auf. Hängen Sie Ihr neues Positiv-Programm anschließend an die Pinnwand, in die Küche, ins Bad neben den Spiegel oder an eine andere Stelle, wo Sie mehrmals täglich den Blick darauf werfen können:

Die aktive Auseinandersetzung mit negativen »Du-Botschaften« macht Sie frei für Neues.

- Jeder meiner Gedanken ist wichtig.
- Ich weiß, dass ich allein die Herausforderungen in meinem Leben meistern kann.
- Ich weiß, dass mir wie jedem anderen Menschen auch Glück und Erfolg zustehen.
- Ich weiß, dass ich meine Bedürfnisse und Wünsche aussprechen darf und dass ich das auch tun soll.
- Ich weiß, dass ich meine Visionen von einem besseren und erfolgreicheren Leben verwirklichen kann.
- Ich bin stolz auf meine Fähigkeiten und meine Talente.
- Ich bin stolz auf das, was ich bisher in meinem Leben geleistet habe und was ich jeden Tag aufs Neue leiste.
- Ich bin verantwortlich für mein Glück und meinen Erfolg.
- Ich mag mich ganz und gar so, wie ich bin!

Motivieren Sie Ihr inneres Ich

Vielleicht haben Sie sich an dieser Stelle bereits einer gründlichen Innenschau unterzogen. Sie sind sich klar geworden, welche gedanklichen Muster Ihre Gefühle und Ihr Verhalten bestimmt haben und in welcher Weise Sie diese verändern möchten. Das ist die Grundlage für Ihr positives Selbstbild, das Sie sicher, souverän und natürlich nach außen vertreten werden.

Auf Ihre Lust, etwas zu ändern, kommt es an

Jetzt geht es darum, Ihre Motivation zu stärken, damit Sie loslegen können, damit Sie am Ball bleiben und sich auch durch gelegentlich auftretende Rückfälle in alte Gewohnheiten nicht von Ihrem neuen Auftritt abbringen lassen. Ihre Motivation ist der Antrieb, mit dem Sie alles, was Sie im und vom Leben wollen, anpacken und ändern können.

Auch in Misserfolgen eine Chance zum Vorankommen zu sehen, das erscheint vielen auf den ersten Blick unlogisch.

So paradox es klingen mag, aber gerade wenn Sie das Gefühl haben, nicht auf der Gewinnerseite im Leben zu stehen, birgt dies ein unglaubliches Motivationspotenzial in sich. Lernen Sie das Gedankenmuster von »Nichtgelingen = Misserfolg« für sich umzuformulieren. Nichtgelingen, das bedeutet nichts anderes, als eine Herausforderung anzunehmen, etwas zu ändern. Neue Energien entstehen immer im Kampf mit diesem Nichtgelingen. »Ein Verlierer ist nicht der, der zu Boden geht, sondern der, der nicht wieder aufsteht«, sagte Arnold Schwarzenegger – und der muss es ja schließlich wissen. Denn für einen durchschnittlich begabten Menschen hat er eine wahrlich unvergleichliche Erfolgsgeschichte geschrieben.

Wie Motivation funktioniert

Wenn wir hochmotiviert sind, bündeln wir alle unsere Kräfte und konzentrieren sie auf ein ganz bestimmtes Ziel. Das Nächstliegende ist es, Barrieren wegzuräumen, die Ihnen im Weg sind. Diese werden immer wieder auftauchen, sie gehören einfach zu unserem Leben dazu. Ihre Aufgabe ist es, immer wieder die kreative Energie aufzubringen, sich den Weg frei zu machen. Diese Motivation ist es, die Ihnen ein intensives Leben ermöglicht. Sie sind durch sie zu großen Leistungen fähig, trauen sich etwas zu und können sich so für Neues stark machen. Motivierte Menschen wirken stark und überzeugend, und es ist kaum möglich, sich ihrer Ausstrahlung zu entziehen. Sie sind in der Lage, eine Kraft in sich freizusetzen, die wie ein befreiendes und mitreißendes Lachen wirkt. Ihr Erfolgsrezept, mit dem sie sich diese Seelenkraft erhalten, heißt: »Disziplin und Gelassenheit sowie das Bewusstsein, dass Erfolg ist, wenn man weitergeht.«

Spüren Sie Ihren inneren Zielen nach

Wer wirklich motiviert handelt und auftritt, weiß intuitiv, dass er das Richtige tut. Er wird auch von einem unausgesprochenen, inneren Ziel geleitet. Dieses Ziel ist seine Vision, die er erreichen möchte. Das kann das Ziel sein, am Jahresende mehr Geld zu verdienen, mit dem Mann seines Herzens zusammenzuziehen oder mehr Zeit für ein Hobby zu haben. Jeder von uns braucht etwas, an das er glauben kann und wofür er sich mit ganzem Herzen begeistern kann. Wir müssen das Gefühl haben, dass unser Leben einen Sinn hat und dass wir gebraucht werden in dieser Welt. Unser Engagement, unsere aufrichtige Herzlichkeit und unsere Begeisterung für unsere Visionen sind es, die uns charismatisch und mitreißend erscheinen lassen.

Egal, wie Ihr inneres Ziel lautet – es muss in Ihnen brennen, damit es ein Feuer in anderen Menschen entfachen kann. Es muss Ihnen in diesem Moment wichtig sein, es muss Sie bewegen und berühren, damit Sie mit Kraft und Disziplin bei der Sache bleiben und nicht sofort beim erstbesten Widerstand aufgeben. Dann können Sie alles, was an Motivation und ungeahnter Durchsetzungsenergie in Ihnen steckt, auch freisetzen.

Hören Sie in sich hinein und spüren Sie dem schon lange erloschen geglaubten Feuer nach – es brennt immer noch in Ihnen!

Jede Vision ist eine Chance

Ihre Wunschträume sind immer an Ihr Innerstes gekoppelt und erzählen viel über Ihr Selbstbild und Ihr Potenzial. Sie zeigen Ihnen die Richtung – auch wenn Sie sich aufgrund bestimmter Muster bisher verboten haben, sie einzuschlagen. Dass jede Richtungsänderung eine Riesenchance in sich birgt, zeigt das Beispiel von Jutta.

Fallbeispiel ▶

Jutta war die typische hanseatische Erfolgsfrau – elegant, gut aussehend, erfolgreich. Es schien ihr an nichts zu fehlen. Man brachte ihr in ihrem Job als Umwelttechnologin viel Respekt entgegen, und sie kletterte langsam aber sicher die Karriereleiter nach oben. Sie war mit einem sympathischen Mann verheiratet, den sie seit ihrem Studium kannte, und war nach eigenem Bekunden »well off«.

Jutta wirkte immer leicht distanziert. Sie glaubte auch, dass es ganz richtig wäre, wenn andere, die nicht gerade zu den engsten Freunden gehörten, ihr nicht zu sehr auf die Pelle rückten. Zu Hause sprach sie allerdings immer öfter darüber, wie sehr es sie nerven würde, dass die anderen sie nur als graue Eminenz sähen und nicht den Menschen dahinter, der auch mal alle Fünfe gerade sein lassen konnte. Sie hätte gerne mehr Austausch mit Kollegen und anderen Leuten, aber die würden sich eben nicht an sie herantrauen.
Als Kind hätte sie sich immer gewünscht, auf einer Bühne zu stehen. Aber zu solch einem Auftritt fehlte ihr einfach das Zeug, glaubte sie. Sie sei eben diejenige, die im Hintergrund die Fäden zieht. »Den Clown spielte man außerdem nicht in meiner Familie, das haben wir nicht nötig«, sagte sie. Und so klebte ihr das

Image der distanzierten, aber kompetenten Fachfrau an, da könne man nichts machen.
Als Juttas Mann in eine andere Stadt versetzt wurde und es klar war, dass Jutta den Job in ihrer Firma dafür aufgeben würde, erschien ihr das als Wink des Schicksals. Sie entschied sich kurzerhand, eine völlig neue Karriere einzuschlagen. Jutta machte sich mit einer kleinen Unternehmensberatung selbstständig, die dank ihrer Power und des festen Glaubens an die Richtigkeit ihres Ziels überraschend schnell schwarze Zahlen schrieb. Heute hält Jutta Vorträge vor Seminarpublikum, vor Fachhochschulstudenten und Schülern. Sie hat sich und ihrer Vision vertraut und ist heute glücklich.

Was bleibt in Wirklichkeit von der Vision?

Die wenigsten Träume lassen sich eins zu eins umsetzen, doch das muss auch nicht sein. In aller Regel passen wir sie, wenn wir soweit sind, so weit unserer Realität an, dass sie auch mit dem, wie wir sind und leben, übereinstimmen. Visionen dürfen Sie nicht verwechseln mit unrealistischen Ansprüchen an sich selbst. Eine Vision, die stimmt, ist eher mit einem Gefühl zu vergleichen, das uns sagt, was für uns richtig ist. Gerade für »kopfgesteuerte« Menschen ist es gar nicht so einfach, wieder in sich hineinzuhorchen. Auch Jutta verhielt sich immer vernünftig und erfüllte Erwartungen, wie »nicht den Clown zu spielen«, obwohl sie lieber mehr im Mittelpunkt stehen wollte. Bei ihr hatte eine äußere Richtungsänderung – die Versetzung ihres Mannes – eine regelrechte Katalysatorwirkung. Sie ergriff die Chance und setzte ihre Vision endlich um. Und ihre Familie? Die akzeptiert Juttas neuen Weg – nach anfänglichem Kopfschütteln selbstverständlich –, aber sie tut es.

Denn das ist auch eine Tatsache, der Sie ins Auge sehen müssen. Wenn Sie sich ändern, ändern Sie in aller Regel auch etwas in dem »System«, in dem Sie leben oder arbeiten, das kann die Partnerschaft sein, die Familie oder Ihr Arbeitsplatz. Das empfinden viele als bedrohlich. Und es stimmt – ohne weiteres lassen sich feste Gewohnheiten, Verpflichtungen und Beziehungen mit anderen Menschen nicht verändern. Aber es ist machbar, sofern Ihre Vision und Ihre Motivation stimmt – und zwar in jedem Bereich.

Leben Sie Ihre Träume

Jeder Traum, den Sie von einem besseren Leben haben, ist es wert, gelebt zu werden.

Es gibt den schönen Spruch: »Träume nicht dein Leben, lebe deinen Traum.« Dieser Aufruf zu mehr Selbstbewusstsein und Durchsetzung der eigenen Visionen hat eine große Suggestivkraft. Er sagt uns nichts anderes, als dass unser Leben einzigartig ist, dass es sich lohnt, jeden Tag so intensiv wie möglich zu leben, und nicht zuletzt, dass man seine Träume auch umsetzen sollte. Denn wann sollten Sie dies tun, wenn nicht in diesem Leben?

Ihre Visionen sind Ihr Erfolgspotenzial

In den meisten unserer Träume zeigen wir uns von unserer allerschönsten Schokoladenseite. Wir treten in unseren Träumen so auf, wie uns nur wenige kennen oder noch gar niemand kennt: sicher, souverän, liebenswürdig, witzig, charmant, unwiderstehlich, unschlagbar … und trotzdem sind wir meistens die Letzten, die daran glauben, jemals wirklich so auftreten zu können. Warum? Wenn der frustrierte Seufzer »Das wird sowieso nichts« zu Ihrem Standardrepertoire gehört, werden Sie diesen ab sofort streichen und sich die folgenden Sätze notieren, die von zwei großen Denkern geschrieben wurden:

- Wenn du nicht weißt, wohin du gehst, wie kannst du erwarten, dort anzukommen? (Basil S. Walsh)

Es gibt nur einen einzigen Menschen auf der Welt, der Ihre Visionen glauben und auch leben kann – das sind Sie selbst!

- Entwirf dich auf ein Ziel hin. (Jean-Paul Sartre)

Schließlich zeigt Ihnen jeder Ihrer Träume deutlich, wo Sie eigentlich im Leben hin möchten. Erlauben Sie sich deshalb unbedingt Ihre Visionen. Sie zeigen Ihnen, wo es langgeht. Hängen Sie sich diese Überzeugungssätze an eine Stelle neben Ihren Schreibtisch, über die Spüle in der Küche oder neben den Kosmetikspiegel im Bad, auf die Sie jeden Tag blicken und sie für sich wiederholen können, bis Sie sie verinnerlicht haben.

Ausreden zählen nicht

Stehen Sie dazu, was Sie möchten – und auch dazu, was Sie nicht möchten.

Wenn Sie das Gefühl haben, dass Sie anstatt des sonntäglichen Nachmittagskaffees mit Ihren Schwiegereltern lieber ins Fitnessstudio gehen würden, dann machen Sie das – nachdem Sie mit allen Beteiligten darüber gesprochen und einen neuen Termin vereinbart haben. Wenn Sie keine Lust mehr haben, mit Ihrer Familie jeden Sommer in denselben Ort in die Berge zu fahren, weil das so praktisch und so nah ist, sondern Ihren Urlaub lieber am Meer verbringen möchten, dann unterbreiten Sie Ihren Lieben ein konkretes Angebot aus dem Reisebüro, das Hand und Fuß hat. Wenn Ihnen in Ihrem Tennisclub die Leute mit Ihrem Mobbing schon seit Jahren auf die Nerven gehen, dann ist es höchste Zeit, den Club zu wechseln und sich mit faireren Sportsfreunden zu umgeben.

Tipp !

Erzählen Sie Ihre eigene Erfolgsstory

Der folgende Fragebogen wurde von der Redaktion der Zeitschrift Vogue zum Thema Erfolg entworfen. Beantworten Sie ihn für sich selbst. Ihre Antworten werden ein deutliches Licht darauf werfen, wie groß Ihre Breitschaft im Moment ist, sich wirklich für Ihren Erfolg einzusetzen.

- Welche Aspekte Ihrer Persönlichkeit bringen Ihnen die meisten Erfolge ein?
- Was wirkt wie ein Bremsklotz auf Ihre Power?
- Welche Erfolgsstrategie hat sich für Sie als praktikabel erwiesen?
- Haben Sie Ihr Image schon einmal radikal verändert?
- Ihre Jugendträume – die Realität heute: Wie groß und wie gravierend empfinden Sie die Diskrepanz?
- Was wäre die Alternative zu dem, was Sie heute tun?

Übernehmen Sie Verantwortung, es geht um Ihr Leben

Ihre Zeit ist zu kostbar, um sich mit Sprüchen zu blockieren, wie »Dafür habe ich jetzt keine Zeit«, »Das macht mein Mann nie mit« oder »So wie ich lebe, habe ich nicht die Möglichkeiten und die Kraft, etwas zu ändern.« Es stimmt. »Die anderen« stellen tatsächlich ein großes Hindernis dar, das möchte ich auch gar nicht herunterspielen: der Mann, der Chef, die Eltern, die Kinder oder sogar Unbekannte. Sie alle können Ihre Vision so verdunkeln, bis Sie sie gar nicht mehr erkennen können. Hier hilft nur eines: Wenn Sie ernsthaft und sicher für sich eintreten wollen, müssen Sie sich die Verantwortung, die Sie abgegeben haben, schnell wieder zurückholen. Sind Sie sich über Ihr Ziel klar, dann halten Sie sich nicht selbst auf, und lassen Sie sich nicht aufhalten.

Ich wär' so gerne …

Die Vorstellung davon, wie wir gerne wären und was wir gerne aus unserem Leben machen würden, ist meist an bestimmte Lebensbereiche gekoppelt. Fassen Sie Ihre Wünsche und Ihr Potenzial genauer ins Auge. Gehen Sie dazu die folgende Liste durch. Markieren Sie mit einem »+« all jene Bereiche, in denen Sie sich wohl fühlen, in denen Sie selbstbewusst Ihre Wünsche beim Namen nennen und an deren Verwirklichung Sie arbeiten. Mit einem »–« markieren Sie die Bereiche, in denen Sie sich durch sich selbst, die momentane Situation oder andere Menschen behindert fühlen. Neben jedem Begriff notieren Sie sich Stichworte, die Ihnen dazu einfallen:

Füllen Sie die unten stehende Liste aus – so haben Sie es schwarz auf weiß, wo Ihre Motivation, etwas zu ändern, am größten ist.

Lebensbereich	**(+/–)**	**Das fällt mir dazu ein**
Partnerschaft/Ehe		
Familie/Freunde		
Arbeit		
Hobbys		
Entspannung		
Engagement für eigene Ziele		
Engagement für andere		

Setzen Sie Prioritäten

Nur wer seine positiven Eigenschaften kennt, kann sie auch gewinnbringend für sich einsetzen.

Jetzt haben Sie die Lebensbereiche herausgearbeitet, in denen Sie gerne für sich etwas ändern möchten. Ihre Notizen zeigen Ihnen vielleicht auch schon die Richtung. Wenn das mehrere Bereiche betrifft, sollten Sie entscheiden, wo der Handlungsbedarf und Ihre Motivation zu Veränderungen am größten ist. Diesem Bereich widmen Sie jetzt alle Aufmerksamkeit.
Um Ihre Prioritäten zu setzen, nummerieren Sie den Bereich, den Sie am dringendsten ändern möchten, mit »1«, den nächstwichtigen mit »2« und so weiter.

Machen Sie sich Ihre Stärken klar

Sie wissen jetzt, wo Sie beginnen werden, sich Ihren Weg frei zu machen. Damit Sie das Ganze sicher und souverän angehen, machen Sie sich jetzt Ihre persönlichen Stärken und Vorzüge klar. Sie sind die Garanten dafür, dass Sie voll und ganz hinter sich stehen – auch wenn Ihnen der Wind ins Gesicht blasen sollte. Welche Ihrer Stärken können Ihnen dabei helfen, sich und das, woran Ihnen liegt, weiterzubewegen?
Erstellen Sie dazu eine Liste mit mindestens zehn Ihrer Eigenschaften, die Sie selbst als positiv beurteilen, und solchen, die Ihnen schon Anerkennung von anderen eingebracht haben. Lassen Sie dabei nicht die kleinste Kleinigkeit aus und nehmen Sie auch Leistungen auf, die Sie nicht für brillant, sondern allerhöchstens für gut befinden.

Loben Sie sich selbst!

- Wie habe ich mich bisher erfolgreich für mich und für andere eingesetzt? (z. B. Kinder aufziehen, meinen Mann unterstützt, mich für einen Sprachkurs angemeldet)

- Welche Tätigkeiten machen mir Spaß, und was kann ich besonders gut? (z. B. organisieren, töpfern, Gäste bewirten, bergsteigen)
- Welche Leistungen habe ich früher erbracht? (z. B. Abschlussprüfung bestanden, Abteilung aufgebaut, Zusatzausbildung angefangen)
- In welchen Bereichen hatte ich berufliche Erfolge?
- Was mag ich an mir am liebsten, was finde ich an mir am schönsten? (z. B. meine Augen, meine Taille, meine Hände)
- Welche Seiten mögen andere an mir?
- Welche besonderen Erfahrungen in der Vergangenheit haben meine Persönlichkeit und mein Wissen geprägt? (z. B. Reisen, bestimmte Menschen)
- An welchen Bereichen bin ich so interessiert, dass ich mich darin gerne und ohne Mühe weiterbilde? Welche Kenntnisse habe ich mir dort schon erworben?

Sie werden es schaffen, ...

Na, sind Sie beeindruckt, was sich auf Ihrer Liste alles angesammelt hat? Klopfen Sie sich dafür innerlich auf die Schulter. Sie sind wirklich gut! Freuen Sie sich in Zukunft auch darüber, wenn Sie andere das auch so sehen lassen und lächeln Sie, wenn Ihnen jemand etwas Nettes sagt. Eigenlob hat nichts mit Angeberei zu tun, Eigenlob ist unaufdringlich, natürlich und selbstverständlich. Wenn Sie sich Ihre Stärken klar gemacht haben, sind Sie Ihrer persönlichen Vision von mehr Ausstrahlung und Erfolg im Leben schon ein großes Stück näher gekommen. Sorgen Sie jetzt nur noch dafür, dass Ihre Motivation stark bleibt und Sie weiter mit Begeisterung und Engagement bei Ihrer Sache bleiben.

... wenn Sie etwas Geduld mit sich haben

Stecken Sie anfangs Ihre Ziele nicht zu hoch – mit kleinen Schritten kommt man auch ans Ziel.

Erwarten Sie trotzdem nicht das Unmögliche von sich. Entwerfen Sie Etappenziele, denn alles braucht seine Zeit – vor allem, wenn es um groß angelegte Lebenspläne geht. Planen Sie Schritte, die Ihrer jeweiligen Lebenssituation, Ihrer Verfassung und Ihren Möglichkeiten angepasst sind. Wenn Sie die Sache entspannt angehen, werden Sie Rückschläge, die auch auftreten können, nicht entmutigen. Sorgen Sie dafür, dass Sie gut zu sich sind, dann treten Sie überzeugender auf. Möglich, dass Sie andere Menschen damit gehörig irritieren. Bei Fragen, wie »Was ist denn mit Dir los?« hilft die lächelnd ausgesprochene Standardantwort: »Mir geht es so gut wie nie zuvor.« Die können Sie auch zu Hause vor dem Spiegel üben, zusammen mit dem Training Ihrer sicheren Körpersprache (ab Seite 58). Nehmen Sie sich Zeit für kleine Schritte und genießen Sie jeden Erfolg. So stärken Sie Ihre Motivation und festigen Ihr neues Selbstvertrauen.

Werden Sie zum Menschenfreund

Natürlich hängt es von Ihnen ab, ob Sie sich gut um sich kümmern und Ihr neues Auftreten positiv gestalten. Vergessen Sie jedoch nie Ihr Publikum. Es sind die anderen – Ihre Familie, Ihr Partner, Ihre Kollegen – die Ihre Ausstrahlung aufnehmen und auf sie reagieren, die Sie würdigen und sich von Ihnen mitreißen lassen. Ihre Sympathien müssen (und werden) Sie mit Ihrem neuen Positiv-Programm gewinnen. Merken Sie sich: Einzelkämpfer strahlen nicht. Und sie haben zudem mit einer Heerschar von Rivalen und Mitwettbewerbern zu kämpfen.

Gewöhnen Sie sich deshalb daran, andere Menschen zunächst einmal als Ihre Freunde zu sehen und nicht als Angstgegner. Sicher, nicht jeder auf dieser Welt ist Ihnen gut gesonnen. Es gibt sie immer wieder, Rivalen und Neider. Nehmen Sie nur deren negative Ausstrahlung gar nicht erst auf, lassen Sie sie bei ihnen und lächeln Sie ihnen zu. Sie werden sehen, je leichter Sie die anderen positiv annehmen können, desto eher wird man auch Sie so annehmen und Interesse an Ihnen zeigen. Ohne ein wohlwollendes Publikum, ohne Freundschaften oder Seilschaften verpufft der beste Auftritt in Schall und Rauch. Seien Sie zu anderen deshalb genauso großzügig wie zu sich selbst: Lassen Sie auch potenzielle Wadenbeißer ruhig einmal gut dastehen. Das ist souverän, wirkt äußerst entspannt und vor allem entwaffnend.

Warum einsam, wenn's gemeinsam besser geht?

Menschen, die Sie mögen, versorgen Sie im Fall der Fälle mit Rückenstärkung, Rat und Unterstützung, wenn Sie das wollen. Betrachten Sie Ihren Wunsch nach mehr Ausstrahlung also nicht als Angelegenheit, die Sie im stillen Kämmerlein vorbereiten, um dann eines Tages wie Phönix aus der Asche zu steigen und alle zu überraschen. Suchen Sie sich dazu auch gezielt Unterstützung bei zuverlässigen Kollegen, guten Freunden und neuen Bekanntschaften!

Erweitern Sie Ihren Bekanntenkreis

Unbekannte Menschen erweitern genauso wie Reisen in ferne Länder unseren Horizont. Trotzdem – auf jemanden, den wir sympathisch finden, einfach so zuzugehen, bedeutet immer eine kleine Mutprobe. Wir wissen ja nicht, was uns erwartet.

Außerdem sind wir verletzbar. Was geschieht, wenn der andere mich nicht sympathisch findet und mich ablehnt, obwohl ich mich öffne und etwas von meinen Gefühlen preisgebe? Da mag es uns im tiefsten Inneren schon leicht unbehaglich zu Mute sein. Aber keine Bange! Vielleicht entpuppt sich der- oder diejenige bei näherer Betrachtung auch als menschlicher Flop. Ein Risiko, verletzt zu werden, ist immer da, das liegt in der Natur der Sache. In der Regel ist es jedoch tatsächlich so: Sympathie beruht meist auf Gegenseitigkeit. In den seltensten Fällen sind wir so betriebsblind, dass wir jemanden zum Freund wollen, der mit uns gar nichts anfangen kann.

Ergreifen Sie die Initiative

Freunde nicht nur in der Not – auch wenn es Ihnen gut geht, bringen die richtigen Beziehungen Sie weiter.

Suchen Sie sich Menschen, die ähnliche Interessen haben wie Sie und mit denen Sie ins Gespräch kommen können. Die beste Gelegenheit, einander ungezwungen ein wenig zu beschnuppern, bieten regelmäßige Treffen in einer Gruppe – erkundigen Sie sich, welche Möglichkeiten in Ihrer näheren Umgebung sich da anbieten. Das kann in der wöchentlichen Gymnastikstunde sein, aber auch bei einem Literaturzirkel oder einem Sprachkurs an der Volkshochschule. Mögen Sie jemanden, dann zeigen Sie Interesse und suchen Sie den Kontakt. Wenn sich eine Bekanntschaft gut entwickelt, sollte bei einem Austausch Platz genug für zwei Persönlichkeiten sein. Freundschaft bedeutet Gleichberechtigung und ist ein gutes Feld, um seine Einfühlsamkeit, aber auch die Vertretung seiner Interessen zu üben. Wenn diese Basis nicht gegeben ist, wenn Sie nur zum Zuhören, als Lückenbüßer, weil gerade kein Besserer Zeit hat, oder zum Beifallsklatschen eingespannt werden, dann können und sollten Sie den Kontakt wieder abbrechen.

Suchen Sie sich einen Coach!

- Viele erfolgversprechende Aufgaben lassen sich kaum allein bewältigen. Oft ist es notwendig, sich mit anderen zusammenzutun – um Erfolg zu haben und sich den Spaß daran zu erhalten. Suchen Sie sich deshalb bewusst Unterstützung! Sie werden sehen, das motiviert noch mehr, als wenn Sie sich ganz alleine auf den Weg machen.
- Ernennen Sie einen Menschen, dem Sie vertrauen, zu Ihrem Coach. Dieser Mensch sollte selbst über ein gutes Selbstwertgefühl verfügen, nicht neidisch sein oder daran interessiert, dass Sie weiterhin so still und bescheiden bleiben wie bisher. Auch Ja-Sager, die alles gut finden, was Sie tun, sind nicht gefragt. Ideal ist jemand, der selbst souverän auftritt und seine Träume aktiv umsetzt. Das kann auch ein Freund oder eine Freundin sein, die ebenfalls an ihrer positiven Ausstrahlung arbeiten.
- Ermuntern Sie Ihren Coach, Ihnen ehrlich (!) zu sagen, wie Sie wirken, wo Sie gut sind oder welche Marotten ihn stören. Analysieren Sie gemeinsam Ihre Situation und entwerfen Sie Etappenziele.
- Treffen Sie sich vor entscheidenden Situationen mit Ihrem Coach, um Ihr Auftreten – z. B. bei einem Bewerbungsgespräch – zu besprechen und die bevorstehende Situation durchzuproben.

(!) Tipp

Unterstützen Sie sich gegenseitig! Sprechen Sie regelmäßig über Etappenerfolge, wie Sie mit Stolpersteinen umgehen und was Sie als Nächstes angehen wollen.

canson

Ganz natürlich inszeniert

Ganz natürlich inszeniert

Die besten Theatermimen wissen es: Ins Herz ihrer Zuschauer treffen Sie erst, je natürlicher und echter sie Gefühle darstellen. Jedes Gefühl – ob Angst, Wut, Trauer oder Freude – spiegelt sich ja auf der körperlichen Ebene wider, und nicht nur im Lachen und Weinen. Da gibt es noch Hunderte von kleinen Gesten und Haltungen, mit denen wir unsere ganze Gefühlsbreite zur Schau stellen. Ein guter Schauspieler beherrscht sie alle und weiß intuitiv und weil er es studiert hat, welche zu welcher Emotion gehören, und setzt sie bewusst ein. Das ist dann auch der Unterschied zu uns Nicht-Profis. Nur stehen auch wir jeden Tag auf einer Bühne und haben unsere aufmerksamen Zuschauer und Zuhörer.

Sie sind Ihr Körper

Unsere körpersprachlichen Signale schicken wir allerdings meist völlig unbewusst in die Welt und erzählen dabei – ob wir wollen oder nicht – Bände darüber, wie es uns gerade geht, was wir von uns und von unserem Gegenüber halten. Und natürlich erkennen auch wir bei dem anderen auf den ersten Blick, wie er oder sie sich fühlt, ob er uns etwa zu nahe treten will oder ganz im Gegenteil Angst vor uns hat und sich zurückzieht oder kleiner macht. Nicht umsonst heißt es, die Signale des Körpers seien »verräterisch« ...

Wir haben gesehen, dass wir unser Selbstbild positiver gestalten können, wenn wir sehen, was sich hinter unserem Spiegelbild an geheimen Programmierungen, verborgenen Stärken und Visionen verbirgt. Jetzt sehen wir uns an, wie wir unser Selbstwertgefühl nach außen tragen.

Unsere Gefühle sind unübersehbar

Es ist (fast allein) unsere Körpersprache, die darüber entscheidet, wie wir auf andere wirken. Überlegen Sie einmal: Was empfinden Sie denn angenehm an anderen? Mir fallen auf Anhieb ein: ein fröhliches Lächeln, eine optimistische Lebenseinstellung, die man an strahlenden Augen ablesen kann, ein fester Händedruck, der Zuverlässigkeit vermittelt, ein dynamischer Gang, der Selbstsicherheit und Zuversicht ausdrückt. Unangenehm hingegen wirkt alles, was irgendwie »nicht stimmt«, alles, was aufgesetzt ist. Das berühmte falsche Lächeln unter einem kalten Blick, zurückweichende Gesten oder, dass mir mein Gegenüber nicht in die Augen schauen kann, obwohl er mir wortreich versichert, wie gut er es mit mir meint.

Die stumme Sprache unseres Körpers – sie ist das Erste, was unser Gegenüber an uns wahrnimmt.

Ein weiteres Plus für Ihr Positiv-Programm

Der Eindruck, den wir über unsere Körpersprache und ganz allgemein über visuelle Eindrücke wie Kleidung oder Styling vermitteln, ist immer der entscheidende. Denn Ihr Gegenüber wird Sie nur daran messen, ob Sie ihm sympathisch sind oder nicht. Und das geschieht, wie Wissenschaftler herausgefunden haben, schon innerhalb der ersten 30 Sekunden! Zu wenig Zeit, um abzuwägen und vernünftig zu überlegen, wen wir da vor uns haben – aber Zeit genug für unseren Instinkt. Unsere Körpersprache, unser Aussehen und wie wir uns morgens vor dem Spiegel zurechtmachen, ist immer Ausdruck unserer seelischen Verfassung und unserer Geisteshaltung. Gut 90 Prozent unserer gesamten Kommunikation laufen allein über diese Sprache ohne Worte ab, über die Sprache unseres (Selbstwert-)Gefühls. Sie drückt sich übrigens auch darin aus, wie wir das Instrument unserer Stimme modulieren und einsetzen. Natürlich können Sie den Ausdruck von körperlichen Signalen schulen. Wenn Sie das zum Beruf machen und auf der Bühne stehen wollen, nur zu! Nur in puncto Ausstrahlung für die Bühne des Lebens, die Sie jeden Tag betreten – sei es, um morgens an der Haltestelle auf den Bus zu warten, um ein paar Worte mit Ihrem Nachbarn zu wechseln, den Kindern zu sagen, was sie heute anziehen sollen oder im Büro den Deal Ihres Lebens abzuschließen – gilt jedoch: Bleiben Sie sich und den anderen gegenüber ehrlich und vor allem locker. Lügner und Möchtegerne werden alle irgendwann entlarvt.

Lernen Sie, bewusst mit dem Körper zu sprechen

Lernen Sie mit dem Einsatz von Körpersprache, andere wirklich von Ihren Stärken und Vorzügen zu überzeugen und aufmerksame Zuhörer zu finden.

Machen Sie es sich ab heute zur Aufgabe, körpersprachliche Signale besser zu verstehen und zu deuten. Das ist nicht nur für gelungene Gespräche wichtig, deren Erfolg ja immer auch davon abhängt, wie einfühlsam Sie auf andere reagieren. Sie können sich mit »positiven« Körpersignalen selbst auch entsprechend programmieren. Sie staunen? Warum? Wenn Ihre Gemütsverfassung und Ihr Geist so stark über Ihren Körper wirken, dann funktioniert das Ganze auch andersherum. Denken Sie einmal an die enorme Wirksamkeit von so genannten körperlichen Entspannungstechniken, wie Yoga, T'ai Chi oder Atemtherapie. Sie wirken über den Körper auf Geist und Gefühl und damit auf unser Selbstbild und -bewusstsein. Aus dem großen Repertoire der Körpersprache gewinnen Sie wertvolle Weisheiten und kommen dem natürlichen Ausdruck Ihres positiven Selbstbildes noch näher – ohne sich zu verstellen.

Körpersprache erkennen und verstehen

Optimisten bringen Sonne in den Tag, und von sonnigen Gemütern lassen wir uns immer lieber einnehmen als von ewigen Pessimisten und Melancholikern, die einem mit ihren düsteren Bemerkungen und bedrücktem Gehabe bei allem Mitgefühl und Verständnis ordentlich den Tag verderben können. Je besser Ihre innere Einstellung, die Sie so auch über Ihre Körperhaltung, Ihre Gestik, Mimik, Ihren Gang sowie über den Klang und Ausdruck Ihrer Stimme vermitteln, desto einfacher erreichen Sie, dass andere Sie gerne ansehen, Ihnen zuhören und sich mit Ihnen wohl fühlen. Natürliches Selbstbewusstsein – so vorgetragen – ist wirklich unwiderstehlich!

Denken Sie immer daran: Jeder mag Menschen, die angenehm auftreten und die sich auf eine unaufdringliche Art selbst mögen.

Wortlos (be)zaubern

Jeder Ihrer Bewegungen am Körper und im Gesicht geht eine innere Bewegung voraus. Sie wird verursacht durch Ihr Selbstbild, Ihre Einstellung zum Leben und zu anderen Menschen, aber auch durch äußere Reize wie ein Anblick, Gerüche, Töne, Berührungen und natürlich durch Gefühle und Gedanken. Die meisten Reaktionen auf diese inneren Bewegungen schicken wir unbewusst los, nur ein Bruchteil davon geschieht bewusst. Je besser es Ihnen geht und je positiver Ihre Lebenseinstellung ist, desto charismatischer ist Ihr Gesamtauftritt. Je trauriger und unzufriedener Sie sind, desto blasser wirken Sie.

Wie der Körper zu anderen spricht

Ihr Körper lässt sich mit einem Orchester vergleichen: Ihre Gemütsverfassung ist der Dirigent. Ihre Füße, Beine, Arme, Hände, Ihr Rumpf, Ihr Hals, Ihr Kopf und Ihr Gesicht mit Augen, Nase und Mund - sie alle sind die Musikinstrumente. Jedes einzelne Instrument kann Gefühle ausdrücken. Manche sind für den Rhythmus zuständig, andere für die Melodie und ihre Nuancierungen. Vollständig wird das Stück beziehungsweise das Bild, das wir abgeben, jedoch erst durch das konzertierte Zusammenspiel aller Instrumente, respektive Körperteile. Wie für die Musik gilt auch für die Körpersprache: Wenn wir den Ausdruck des Ganzen verbessern wollen, müssen wir den Ausdruck jedes einzelnen Teils optimieren. Achten Sie daher künftig bei sich und bei anderen mehr auf

- die Körperhaltung,
- die Art und Weise, wie Sie stehen, gehen und sitzen,
- Gestik und Mimik sowie
- die Stimme.

Und bewerten Sie für sich, wie das auf Sie wirkt. Übertreiben Sie es aber bitte nicht mit der Selbstbeobachtung und seien Sie nicht überkritisch. Auf den nächsten Seiten finden Sie eine Reihe von Tipps und Übungen, wie Sie sich auf natürliche und unverkrampfte Weise positiv in jedes gesellschaftliche Geschehen einbringen können.

Worte - nur Schall und Rauch

Ganze sieben (!) Prozent unserer Wirkung hängen davon ab, was wir mit wohl gewählten Worten sagen. Nun werden Sie sich fragen, warum es sich dann überhaupt noch groß lohnt, Worte zu machen. Es ist zwar so, dass Ihr persönlicher Sympathiewert bei anderen kaum davon abhängt, was Sie mit wohl überlegten Worten von sich geben. Der Information dient das, was wir zu sagen haben, jedoch allemal. Über unsere in Worte verpackten Gedanken teilen wir Inhalte mit. Die sind in einer Diskussion, in einem Arbeitsgespräch, bei einer Präsentation und ähnlichen Situationen unentbehrlich. Bedeutsam beim Sprechen und ob unsere Gedanken und Sätze wirklich überzeugend sind, ist allerdings das perfekte Zusammenspiel von Worten und Körpersignalen.

Körpersignale verraten viel über einen Menschen

Ein einfühlsamer Zuhörer oder Zuschauer wird sehr schnell durchschauen, ob beispielsweise die Aussage »Selbstverständlich bekomme ich das hin. Kein Problem.« stimmt oder nicht. Drückt der Körper dabei Unsicherheit oder sogar Fluchtbereitschaft aus, bedeutet eine solche Aussage unter Umständen das berufliche Aus. Der andere, der Ihnen da eine Aufgabe übertragen hat, wird Sie fallen lassen. Er spürt, dass an Ihrem Auftritt etwas nicht stimmt – Sie haben sich im wahrsten Sinn des Wortes »um Kopf und Kragen geredet«. Souveräner ist es, wenn Sie in jeder Gesprächssituation bei sich bleiben, Ihr gutes Selbstbild vor Augen haben und in unserem Beispiel dann vielleicht sagen »Momentan kann ich mir das nicht vorstellen, aber unter Umständen schaffe ich es zu einem späteren Zeitpunkt. Schön, dass Sie an mich gedacht haben.« Schwäche ist immer erst dann ein Nachteil, wenn Sie versuchen, sie zu kaschieren. Dann fühlt Ihr Gegenüber, dass Sie nicht aufrichtig sind. Je selbstverständlicher Sie ganz Sie selbst bleiben – verbal und nonverbal – desto sicherer wird auch Ihr Auftritt werden.

Schwächen sind erlaubt, aber nur wenn Sie auch dazu stehen.

So zeigen Sie Haltung

Ihre Körperhaltung drückt aus, wie Sie sich fühlen. Wie Sie stehen und sich bewegen zeigt ganz deutlich, wie gut es um Ihr Selbstbewusstsein, Ihre Flexibilität und Ihren Gefühlshaushalt bestellt ist. Ob wir mit langsamem, schleppendem Schritt und gesenktem Kopf durch die Welt gehen, im Stechschritt und mit starrem Blick Räume durchmessen, ob wir beim Gehen häufiger ins Stolpern geraten, lässig schlendern und dabei hierhin und dahin blicken oder mit dynamischen, ausgreifenden Schritten und hoch erhobenen Hauptes in die Welt treten – all das zeigt ganz deutlich den Grundtenor unseres Selbstwertgefühls. Er reicht von Angst und Unsicherheit, Verbissenheit und Schwäche bis hin zu Neugier und Offenheit sowie Dynamik und Handlungsbereitschaft.

Ein aufrechter Geist in einem aufrechten Körper

Wenn Sie sich im Alltag bewusst machen, wie Sie gerade stehen, sitzen oder gehen, und versuchen, sich »richtig« zu halten, wird Ihnen die richtige Körperhaltung schnell in Fleisch und Blut übergehen. Das hat etwas damit zu tun, dass die »richtige« Haltung auch der artgerechten Körperhaltung des aufrecht gehenden Menschen entspricht. So halten wir uns so, dass wir keine unserer Gliedmaßen übermäßig belasten und uns im anatomischen Gleichgewicht befinden. In der richtigen Körperhaltung fühlen Sie sich sicherer und stärker.

Je mehr Sie auf Ihre Haltung beim Stehen, Gehen und Sitzen achten, desto mehr färbt diese nach innen auf Ihren Gemütszustand ab. Wenn Sie sich innerlich durch positive Gedanken und Gefühle aufrichten, zeigt sich das auch prompt in einer sichereren Haltung. Sie fühlen sich stärker und können Position beziehen, wo das gefragt ist. Gleichzeitig bleiben Sie beweglich, um rasch zu reagieren, und werden von anderen ernst genommen und für sympathisch erachtet.

Um sich die Wechselwirkung von Gefühlen und Körperhaltung bewusst zu machen, müssen Sie nur an gewisse Redensarten denken, die bestimmte Gemütszustände verdeutlichen: So drückt »die Schultern oder den Kopf hängen lassen« beispielsweise Mutlosigkeit und Gleichgültigkeit aus. Der »gebeugte Rücken« ist ein Zeichen für Erschöpfung und Traurigkeit. »Den Kopf aufrecht tragen« hingegen heißt, sein Selbstbewusstsein und seine Würde zu demonstrieren, während »ein schwungvoller Gang« für Dynamik und Lebensfreude steht.

Stehen Sie richtig?

Um zur »richtigen« Haltung zu gelangen, gehen Sie am besten in mehreren Schritten vor:

- Sehen Sie sich zuerst einmal Ihre Alltagshaltung in einem großen Spiegel an. Stellen Sie sich dazu seitlich auf, so, wie Sie es gewöhnt sind. Wie sieht Ihre Kopfhaltung aus, wie halten Sie Ihre Schultern und Arme, Ihren unteren Rücken und Ihre Beine?
- Jetzt versuchen Sie einmal, eine Körperhaltung einzunehmen, die der gleicht, wenn Sie stolz auf sich und gut gelaunt sind. Sie werden schnell merken, dass sich dadurch nicht nur tatsächlich Ihre Stimmung hebt, sondern sich auch Ihr Körper aufrichtet.
- Behalten Sie dieses Notfallrezept im Hinterkopf: Unangenehme Gefühle gleiten leichter an Ihnen ab, wenn Sie Haltung bewahren und locker bleiben. Die Energien können

Probieren Sie es einmal aus: Wenn Sie aufrecht und gerade gehen, fühlen Sie sich selbst gleich viel besser – und das sieht man Ihnen an!

fließen, wie die Asiaten sagen, die in ihrer ganzheitlichen Gesundheitspflege sehr auf eine gute Körperhaltung und Atemtechnik achten.
- Und jetzt verändern Sie ganz bewusst Ihre Haltung. Dazu stellen Sie sich an Ihrem Scheitel einen Faden vor, der Ihren Kopf ganz gerade hält. Der Kopf soll in einer Linie mit Schultern und Becken sein, der Nacken ist gestreckt. Die Schultern ruhen unter ihrem natürlichen Gewicht und fallen nicht nach vorne, die Lendenwirbelsäule ist leicht gewölbt. Bauch und Po sind leicht angespannt, die Knie ein klein wenig gebeugt, so dass das Becken etwa in einer Linie über dem Fußknöchel steht. Bleiben Sie ein paar Atemzüge lang so stehen. Sie werden schnell merken, dass diese Haltung entspannt und locker macht. Sie fühlen sich stark, die Energie kann besser fließen, und Sie werden motiviert.
- Also: wenn Sie das nächste Mal wieder in der Warteschlange oder in der U-Bahn stehen, konzentrieren Sie sich auf Ihre Haltung. Sie werden sehen, wie schnell Sie anders dastehen, und sich schon durch diese winzige Veränderung attraktiver und selbstbewusster fühlen.

Richtiges Atmen kann man lernen.

Was Ihre Haltung mit Ihrem Atem zu tun hat

Wenn Sie entspannt und aufrecht stehen, sitzen und gehen, können Ihre Energien fließen. Am deutlichsten wird das am Atem, denn Atem bedeutet Lebensenergie. »Richtig« atmen Sie immer dann, wenn sich beim Einatmen Ihre Bauchdecke hebt und beim Ausatmen wieder senkt. Die Bauchatmung stellt sich automatisch ein, wenn Sie sich »richtig« halten. Sind Sie jedoch angespannt, wird der Atem schnell flach und kurz. Wenn Sie so über die Brust atmen, versorgen Sie sich nur noch

unzureichend mit Energie. Hyperventilation, Angstzustände, Panikreaktionen können die Folge sein. Richtig atmen ist hier die einzige Rettung, um wieder zu sich zu kommen – und die Ruhe wieder zu gewinnen. Das können Sie genauso einüben wie die richtige Haltung. Der tiefe Atem regt alle vitalen Vorgänge in Körper, Geist und Seele an und harmonisiert sie. Nervosität und innere Unruhe nehmen schlagartig ab. Sie fühlen sich stabilisiert, selbstbewusster und nehmen automatisch wieder eine aufrechte Haltung ein.
So können Sie von drei Seiten stärkend auf sich einwirken:
- Stellen Sie innerlich ein positives Gefühl her. Lächeln Sie über einen schönen Gedanken.
- Halten Sie sich aufrecht.
- Atmen Sie tief und gleichmäßig in den Bauch.

Wie flexibel sind Sie? Ihr Gang unter der Lupe

Denken Sie daran, wie Ihr Partner, Ihre Kinder, Ihre Freunde oder Kollegen gehen. Der Gang eines jeden Menschen ist unverwechselbar.

Der Gang als Ausdruck von geistiger Beweglichkeit, Ihrer Energie und Motivation wird ebenfalls in Redewendungen wie »wie jemand daherkommt« oder »welche Stellung man bezieht« deutlich. Trotzdem ist der Gang auch immer das Markenzeichen eines Menschen und seiner Dynamik.
Zum richtigen Gang, der Ihre positive Ausstrahlung unterstützt, gehört deshalb unabdingbar auch diese eigene individuelle Note. Nur so wirkt er natürlich. Eine entspannte, positive Grundhaltung und der gleichmäßig fließende Atem sollten der Ausgangspunkt für alle Schreitbewegungen sein, mit denen Sie demonstrieren, ob eher eine Tigerin oder eine Hüpfmaus

Frauen neigen anatomisch bedingt eher zu einer kürzeren Schrittlänge, Männer holen weiter aus. Das ist völlig in Ordnung.

in Ihnen steckt. Mit einem lockeren, geschmeidigen Gang zeigen Sie Selbstsicherheit und das Potenzial an Beweglichkeit, über das Sie verfügen. Ein leicht nach vorne geneigter Oberkörper, entspannte Schultern und das leichte Mitschwingen der Arme machen Ihren Gang perfekt. Dämpfend auf die Dynamik des aufrechten Ganges wirken allerdings High-Heels, enge Hosen und Röcke, die die Schrittlänge zu einem kokett wirkenden, aber auch machtlosen Trippeln verkürzen sowie ein Hohlkreuz, das einen hilflos aussehenden Watschelgang begünstigt. Doch das sind Fehlerquellen, die sich mit ausgleichenden Atemübungen, einem leicht veränderten Styling, durch Walking oder Gymnastik wie »Pilates« und natürlich die richtige Körperhaltung ohne weiteres korrigieren lassen.

Schritt für Schritt Powerfrau

Genauso wie die richtige Haltung können Sie auch einen Gang einüben, der Ihnen in jeder Hinsicht mehr Beweglichkeit schenkt – und damit wieder mehr Selbstbewusstsein. Konzentrieren Sie sich bei jedem Gang, den Sie zu erledigen haben – sei es zum Einkaufen oder in ein Büro zwei Stockwerke über Ihnen – auf folgenden Bewegungsablauf:

- Setzen Sie Ihre Füße mit den Fersen auf, rollen Sie dann die Sohle bis zu den Zehen ab und strecken Sie Ihre Kniegelenke, jedoch ohne Sie gewaltsam durchzudrücken.
- Führen Sie Ihre Schritte ganz bewusst aus den Leisten heraus, Ihre Arme lassen Sie locker mitschwingen. An Ihrem Scheitel zieht Sie ein unsichtbarer Faden nach oben, so dass Ihr Blick nach vorne gerichtet ist.
- Je entspannter Ihr Nacken ist, desto freier ist Ihr Gang. Achten Sie deshalb darauf, dass Sie Ihre Zähne beim Gehen

nicht zusammenbeißen und Ihr Kiefer locker bleibt. Der Rücken bleibt elastisch. Die Dynamik kommt jetzt aus dem Becken. So wird aus dem Gehen ein Schreiten, und Sie fühlen sich locker und voller Power.

Wie viel Raum gestehen Sie sich zu?

Stellen Sie sich vor, Sie sind auf eine Party eingeladen und betreten den Raum, in dem die anderen Gäste sind. Wohin wenden Sie sich zuerst? Suchen Sie sich die erste Wand, an der Sie sich anlehnen können, um die anderen zu beobachten, oder zieht es Sie sogar in eine dunkle Ecke, aus der Sie sich für den Rest des Abends nicht mehr hervorwagen? Sie wissen natürlich selbst, dass das ganz falsch ist und allen Regeln einer positiven und lockeren Ausstrahlung widerspricht. Betreten Sie Räume daher immer mit einer positiven Haltung. Sehen Sie sich noch im Türrahmen stehend an, wie die anderen Gäste verteilt sind. Ihr Blick sollte offen und freundlich sein. Wenden Sie sich der Gruppe zu, die Ihnen am sympathischsten ist. Stellen Sie sich so, dass Sie sich frei in den Raum hinein bewegen können. Stehen Sie locker, die Arme nicht eng an den Körper gepresst. Für das Sitzen gilt dasselbe. Nehmen Sie sich den Raum, den Sie für sich brauchen. Das wirkt selbstbewusst.

Zeigen Sie den anderen, dass Sie sich wohl fühlen und unterhalten möchten.

Zeigen Sie, wie viel Platz Sie zur Entfaltung brauchen

Wie wir mit unserem (Handlungsspiel-)Raum und dem anderer Menschen umgehen, zeigt Selbstsicherheit und gleichzeitig Einfühlungsvermögen für das Raumbedürfnis des anderen. Es sind die schwarzen Schafe unter unseren lieben

Ihren Raum können Sie individuell vergrößern durch eine sichere Haltung beim Stehen, Gehen und Sitzen.

Mitmenschen, die diese unsichtbaren Grenzen ignorieren und uns auf die Pelle rücken, so dass uns nur eines bleibt: Flucht nach vorne oder geordneter Rückzug. Verhaltensforscher nennen den engsten uns zustehenden Raum unsere Intimsphäre. Diesen Kreis dürfen nur Menschen betreten, die uns sehr nahe stehen. Dann gibt es den persönlichen Abstand von etwa eineinhalb Metern, vorbehalten für Partys und gesellschaftliche Anlässe mit Freunden und Bekannten. Den gesellschaftlichen Abstand von etwa drei Metern halten wir Fremden gegenüber ein, den öffentlichen Abstand (über dreieinhalb Meter) bei Respektspersonen oder Menschen, zu denen wir keinen Bezug haben.

Sicherer Sitz ohne Barrikaden

Auch wie wir sitzen signalisiert anderen, wie wir uns fühlen.

Das Gegenstück zum Gehen ist das Sitzen. Ob wir es täglich und zu viel tun, als Schreibtischtäter oder Couch-Potato, oder ob wir uns kurz zwischendurch ausruhen – für das Sitzen gilt im Prinzip dasselbe wie für das Stehen. Sie können mit hochgezogenen Schultern und überkreuzten Knien sitzen, lässig in einem Sessel lungern, mit einem Bein über der Lehne oder gerade mit offenem Blick und den Armen locker auf den Lehnen beziehungsweise den Händen vor sich auf dem Tisch. Ihr Beobachter entscheidet beim ersten Anblick, wer ihm der Sympathischste von den dreien ist. Unsere wortlosen Botschaften haben große Aussagekraft. Ganz davon abgesehen, dass die »richtige« Körperhaltung und der »richtige« Sitz unser Skelett entlasten und wir dadurch fit, leistungs- und konzentrationsfähig bleiben.

So sitzen Sie ganz richtig

- Achten Sie darauf, dass Sie immer die ganze Sitzfläche einnehmen. Damit signalisieren Sie, dass Sie Ihren Raum für sich beanspruchen, dass Sie sich gut und sicher fühlen.
- Entspannt, gesprächsbereit und die Intimsphäre Ihres Gegenübers respektierend wirkt es, wenn Sie Ihre Beine nicht ganz ausstrecken und die Knöchel überkreuzen.
- Halten Sie die Arme locker auf den Lehnen oder legen Sie die Hände mit den Handflächen nach oben in den Schoß.
- Sitzen Sie in einer offenen Runde, achten Sie auf die Stellung Ihrer Knie und Ihres Oberkörpers. Wenden sie sich Ihrem Gesprächspartner zu, signalisieren Sie Aufmerksamkeit. Zeigen sie in die andere Richtung, wirkt es uninteressiert.

Wer auf dem vorderen Stuhlrand Platz nimmt und die Füße dabei unter dem Stuhl hält, zeigt Unsicherheit und Fluchtbereitschaft.

Lebendig im Gespräch

Über Gestik und Mimik drücken wir unsere Empfindungen noch differenzierter und noch direkter aus als mit unserer Haltung. Außerdem – und das ist ein unschlagbarer Vorteil unserer Gebärdensprache – können wir unsere Gesten wesentlich rascher beeinflussen als unsere Körperhaltung und so für unseren positiven Auftritt nutzen. Gesten und Gebärden zeigen, ob wir mit offenen oder verdeckten Karten spielen, wie gesprächsbereit und lebendig, aber auch wie klar und entschieden wir in einem Gespräch sind. Auch hier gilt: Je angenehmer unsere Gesten, desto positiver unsere innere Haltung. Unser Gebärden färben unmittelbar auf unsere Haltung und unser Denken ab.

Offene Gesten für Ihren charmanten Auftritt

- Ihr Händedruck bei der Begrüßung sollte mit offener Handfläche eingeleitet werden und warm und fest sein. So zeigen Sie, dass Sie interessiert und selbstsicher sind. Halten Sie die Hand Ihres Gegenübers nicht mit beiden Händen fest. Das wirkt dominant.
- Genauso beherrschend wirkt es, wenn Sie einem anderen auf die Schulter klopfen. Alle Gesten, die quasi von oben nach unten drücken, haben trotz aller vorgeschobenen Herzlichkeit nur die Unterdrückung des anderen im Sinn.
- Lassen Sie im Stehen die Arme locker neben dem Körper hängen, sofern Sie Ihre Worte nicht mit offenen Gesten unterstreichen und lebendiger gestalten. Vermeiden Sie es dagegen, Ihre Arme zu verschränken und ziehen Sie nicht die Schultern hoch, das signalisiert eine Abwehrhaltung.
- Verborgene Arme und Hände – hinter dem Rücken oder in der Tasche – drücken Unsicherheit oder Unaufrichtigkeit aus.
- Achten Sie im Gespräch auf entspannte und offene Handbewegungen. Die offene Handfläche bedeutet immer Freundlichkeit, Harmlosigkeit und Ehrlichkeit.

Zeigen Sie nicht mit dem ausgestrecktem Zeigefinger auf andere. Es sei denn, Sie wollen jemanden mit dieser Geste in seine Schranken weisen.

- Weisen Sie mit offener, weicher Handbewegung auf diejenige Person, auf die Sie aufmerksam machen oder die Sie ansprechen. Das drückt Gesprächsbereitschaft aus.
- Wenn wir angespannt sind, bilden wir oft unbewusst eine Faust oder lassen die Finger dicht beieinander, wenn wir gestikulieren. Dies wirkt aggressiv und abwehrend.
- Genauso zornig und ungeduldig wirkt es, wenn Sie mit den Fingern auf den Tisch trommeln. Behalten Sie Ihre Finger lieber unter Kontrolle, wenn Sie nicht für schlechte Stimmung sorgen möchten.

Bleiben Sie locker

Sie sehen schon – Körpersprache ist ein weites Feld, und sie ist auch nur sehr bedingt mit unserem Kopf zu beeinflussen. Deshalb finden Sie hier auch lediglich die wichtigsten Zeichen und Fehlerquellen, die sich ohne große Verstellungskunst und Aufwand vermeiden lassen. Im »geplanten« Umgang mit Körpersprache ist grundsätzlich Vorsicht geboten. Nicht jeder von uns ist ein geborener Schauspieler, der im Spiel ganz natürlich wirkt.

Denken Sie an Verkäufer oder Vertreter, die in Seminaren bestimmte Gesten gelernt haben, um im Verkaufsgespräch mehr Erfolg zu haben. Oft wirkt das nur einstudiert und passt überhaupt nicht mit dem zusammen, was sie uns mit ihren Worten sagen.

Beobachten Sie gut und bleiben Sie bei sich

Beim richtigen Umgang mit Körpersprache hängt viel von unserem Publikum ab. Was verbinden Sie aufgrund Ihrer persönlichen Lebenserfahrungen mit bestimmten Gesten und Haltungen?

Sicher gehen Sie mit dem bewussten Einsatz von Körpersprache, wenn Sie im Gespräch oder beim Betreten eines Raumes erst einmal bestimmte Fehler vermeiden. Achten Sie ansonsten genau auf die Körpersprache Ihres Gegenüber. Was will der andere Ihnen ohne Worte mitteilen? Bleiben Sie, egal wie aufgeladen eine Stimmung auch sein mag, selbst immer möglichst locker und entspannt, achten Sie auf Ihren Atem und Ihre Haltung und grenzen Sie sich gegebenenfalls mit einem Lächeln ab – nach dem Motto: »Solche Kleinigkeiten haben mich noch nie interessiert!«

Wenn Sie andere beobachten, merken Sie schnell, ob deren Körpersprache natürlich oder nur aufgesetzt ist.

Können diese Augen lügen?

Da unser Gesicht mit seinen vielen Muskeln sehr beweglich ist, können wir unsere Mimik auch leichter kontrollieren als unsere Gestik oder unsere Haltung.

Wann immer Sie mit jemandem ins Gespräch kommen, blicken Sie zuerst in sein Gesicht. Das ist ein Instinkt. Denn jede Miene ist wie ein offenes Buch, in der wir lesen können – sofern wir das wollen.

Es gibt die berühmte »gute Miene zum bösen Spiel« oder das »falsche Lächeln« – ein Musterbeispiel der Intriganz und Verstellungskunst. Ob Gesichtsaudruck und Mimik Ihres Gegenübers wirklich die Wahrheit sagen, können Sie daher auch am besten daran erkennen, inwieweit sie mit Körperhaltung und Gebärden übereinstimmen. Zeigen etwa ein leicht geneigter Kopf und ein freundliches Lächeln Interesse, der Körper hingegen durch verschränkte Arme und einen abgewandten Oberkörper Abwehr, so nehmen Sie im Zweifelsfall Letzteres für wahr. Denn wenn wir uns, aus welchen Gründen auch immer, verstellen möchten, haben wir Haltung und Gesten einfach weniger unter Kontrolle als unser Gesicht.

Herausfordernd wirkt es, wenn wir den Kopf mit einer schnellen Bewegung nach hinten werfen und das Kinn emporstrecken.

Kopf hoch – Augen auf!

Wenn Sie Ihren Kopf aufrichten und mit offenem Blick in die Welt schauen, zeigen Sie sich interessiert, geradlinig und selbstsicher. Ein gesenktes Haupt, mit dem Sie anderen nicht ins Gesicht schauen können, signalisiert, dass Sie sich unterordnen, und kann auch als Zeichen von Schwäche, Mutlosigkeit und Unsicherheit verstanden werden. Wenn Ihr Gegenüber allerdings seinen Kopf nach vorne senkt und ihn dabei vorstreckt, so als ob er Ihnen in die Karten schauen wollte, können Sie sich seines wachen Interesses sicher sein. Der leicht nach hinten geneigte Kopf hingegen zeigt innere Abwesenheit.

Die Augen – Fenster zur Seele

Kennen Sie das Gefühl der Verunsicherung, wenn Sie einem Menschen gegenüberstehen, der eine Sonnenbrille trägt? Sie sehen seine Augen, »das Fenster zur Seele« nicht. Sie sind der Spiegel unserer tiefsten Empfindungen. Deshalb können wir uns gegen zu intime Einblicke nur wehren, indem wir die Augen verdecken oder wegsehen. Es gibt kaum ein intensiveres und suggestiveres Körpersignal als unseren Blick. Wir können »mit Blicken töten«, aber auch strahlen, lieben, verführen und zärtlich liebkosen. Und: Es gibt kaum etwas Unwiderstehlicheres als ein Lächeln aus strahlenden Augen.

Lassen Sie Ihre Augen sprechen

(!) Tipp

- Halten Sie im Gespräch immer wieder Blickkontakt, so bestätigen Sie den anderen und zeigen Ihre Aufmerksamkeit. Jedes Vermeiden des Blickkontakts zeigt Unsicherheit oder Befangenheit.
- Ein längerer Augenkontakt signalisiert Interesse und Selbstsicherheit und dient der Betonung dessen, was Sie gesagt haben oder Ihrer Aufmerksamkeit. Wird er zum Starren, wirkt er aggressiv.
- Halb geschlossene Lider zeigen Desinteresse. Verdecken wir unsere Augen jedoch und verengen sie, dann zeigt das Konzentration und dass wir eine Sache oder unser Gegenüber nicht aus den Augen lassen. Sind die Augen nur noch als Sehschlitze zu erkennen und die Gesichtsmuskeln gespannt, so ist das eine Drohgeste erster Güte.

Sinnlichkeit pur – Mund und Lippen

In keinem Teil des Gesichts graben sich gelebte Erfahrungen so ein wie in der Mundpartie. Mund, Zunge und Lippen – mit diesen Organen erleben wir die Welt auf sinnliche Art. Lippen und Zunge küssen und liebkosen, sie genießen und geben sich sinnlichen Genüssen hin. Mund und Lippen sind der vollkommene Ausdruck unserer sinnlich-erotischen Ausstrahlung und dafür, wie offen wir Emotionen ausleben. Verbieten wir uns unsere Sinnlichkeit und disziplinieren wir unsere Gefühle, dann zeigt sich das beispielsweise in zusammengekniffenen Lippen. Gesenkte Mundwinkel und Falten, die sich hier eingegraben haben, verraten Enttäuschung und Traurigkeit.

Locker oder gespannt und angestrengt?

Ob Sie offen und entspannt sind, angespannt oder sich um Beherrschung bemühen – Ihr Mund zeigt es in aller Deutlichkeit.

Sind die Mundwinkel angespannt nach unten gerichtet, dann weisen sie auf Abfälligkeit, Spott oder Ekel hin oder drücken ganz einfach Kritik aus. Halten Sie hingegen Ihre Lippen gerade und mit leichtem Druck geschlossen, vermitteln Sie Handlungsbereitschaft und Durchsetzungskraft. Zusammengepresste Lippen allerdings wirken verkrampft und signalisieren Rückzugsbereitschaft. Ebenso unsicher und nervös wirkt es, wenn wir dazu mit der Zunge hektisch die Lippen befeuchten. Wer dazu noch seine Zähne zusammenbeißt, befindet sich unter Hochdruck. Jemand anderem »die Zähne zeigen« ist daher auch als deutliche Drohung und ein Zeichen von Aggression zu verstehen. Besonders Dauerlächler aus Film und Fernsehen haben interessanterweise dieses Signal für sich gepachtet. Nur strahlt das Lächeln nur noch halb so schön, da die Zähne wie ein Schutzschild wirken.

Immer nur lächeln?

Es gibt kein einnehmenderes Körpersignal als das ehrliche Lächeln eines Menschen. Nach oben gezogene Mundwinkel und leicht aufeinander gelegte Lippen signalisieren Offenheit, Freundlichkeit und Wohlwollen. Lächelnd können Sie aber auch mit natürlicher Autorität Grenzen setzen oder ein Gespräch mit einem freundlichen, aber bestimmten »Danke!« beenden. Strahlend wird diese Miene, wenn die Augen mitlächeln. Doch wehe, wenn das Lächeln gar nicht mehr aufhören mag.

Mit einem Lächeln sollten wir auch nie versuchen, unsere Ängste oder unsere Aufregung zu verbergen. Denn natürlich wirkt es nur, wenn Sie sich gut fühlen. Seien Sie deshalb gut zu sich und zu anderen, gewinnen Sie dem Leben sonnige Seiten ab. Umso deutlicher wird sich das innere Lächeln auf Ihre Lippen legen. Und umso lebendiger und strahlender wirken Sie. Ob wir im reiferen Alter erstarrt und verhärmt wirken oder lebendig und strahlend mit unseren Falten und Fältchen, das haben auch wieder ganz allein wir in der Hand.

Eine positive Lebenseinstellung ist immer die beste Investition in Ihre Zukunft.

Wie hören Sie sich an? – Ihre Stimme

Haben Sie sich schon einmal in eine Stimme verliebt? Am besten funktioniert das am Telefon, wenn wir nicht von anderen körpersprachlichen Signalen abgelenkt werden.

Fallbeispiel

Ein Freund erzählte mir einmal, dass nach einem solchen Telefongespräch ein Blind-Date zu Stande gekommen wäre. Er hat eine Wahnsinnsstimme, und die junge Frau aus dem Reisebüro, mit der er sich so angeregt unterhalten hatte, erwartete wahrscheinlich Lawrence von Arabien. Leider ist mein Freund ziemlich schüchtern und sieht vor 12 Uhr mittags immer sehr unausgeschlafen aus. Kurz – das Treffen fand bereits um 10 Uhr morgens statt, und die junge Frau verabschiedete sich nach einer drei viertel Stunde mit dringenden Erledigungen.

Hätte die Gute sich etwas Zeit genommen, dann hätte sie gewusst, dass sie ihr erster Eindruck nicht getäuscht hatte. Aber so ist es mit der Körpersprache – gesehen, bewertet und in diesem Fall für nicht prinzig genug befunden ...

Wie die Stimme unsere Ausstrahlung unterstreicht

Dass die Stimme mit zu den körpersprachlichen Signalen zählt, ist nur halb richtig. Schließlich hilft sie ja dabei, Worte zu transportieren. Trotzdem spielt dieses Instrument eine wichtige Rolle im großen Orchester der Körpersprache. Sie ist quasi der Gesang, der über der Musik schwebt, und gehört somit auch zum Instrumentarium unserer Gefühle.

Eine wohl tönende Stimme ist machtvoll. Sie kann einen missglückten Auftritt retten, bei dem sämtliche Signale nach hinten losgegangen sind und der Betrachter bereits im Begriff ist, sich abzuwenden. Dass es auch andersherum gehen kann, zeigt das Fallbeispiel von oben. Unsere Stimme transportiert viel von uns und unserem Wesen – ob wir offen sind und gerne lachen oder ob wir eher zurückhaltend sind. Es gibt ausgesprochene Anti-Stimmen, auf die fast jeder allergisch reagiert, selbst wenn der körpersprachliche Auftritt ansonsten sympathisch ist: Zu solchen zählen Piepsstimmen, Krächzstimmen, zu lautes oder zu leises Sprechen, zu schnelles oder eintöniges Sprechen, eine Neigung zum Näseln, Nuscheln oder Silben-

verschlucken. Diese Macken und teilweise handfesten Stimmprobleme führen zu sofortigem Punkteabzug.
Die Stimme hängt immer eng mit unserer Stimmung zusammen. An ihrem Klang hört man sofort, ob wir bedrückt oder ängstlich sind, nervös oder depressiv, ob wir eigentlich lieber überhört werden wollen oder unter Hochdruck stehen, ob wir warmherzig sind oder ein Problem damit haben, unsere Gefühle zuzugeben. Je selbstbewusster wir sind, desto besser schöpfen wir unser angeborenes Stimmpotenzial aus. Natürlich wird deshalb noch lange kein Goldkehlchen aus uns, aber wir klingen angenehmer, wärmer und damit überzeugender.

So stimmen Sie sich ein

Ihre Atmung und Ihre Körperhaltung spielen beim Einsatz der Stimme eine ganz große Rolle. Wenn Sie tief und entspannt aus dem Bauch heraus atmen und ihn als Stütze einsetzen – wie alle Sänger, Saxophonisten, Flötisten, Posaunisten und andere, die mit Hilfe ihres Atems musizieren – dann nutzen Sie ihn optimal als Resonanzkörper. Auch in der Logopädie, die sich mit der Therapie von Stimmproblemen befasst, wird mit bestimmten Atemtechniken gearbeitet, um das Bewusstsein für die eigene Stimme und ihr Potenzial zu fördern.
Der zweite wichtige Punkt beim wohl klingenden Sprechen ist wie bei allen »Körpersprache-Instrumenten« Ihre innere Haltung. Je positiver und begeisterter Sie bei der Sache sind, über die Sie sprechen, umso mehr überträgt sich das auf Ihren Ton und damit auf Ihre Ausstrahlung. Wenn Sie beim Sprechen richtig atmen und sich gut fühlen, dann klingt auch Ihre Stimme so: warmherzig, aus dem Bauch heraus, charismatisch und beseelt – kurzum sympathisch und unwiderstehlich.

Auch unsere Stimme verrät viel über unsere Stimmung und unseren derzeitigen Gefühlszustand.

Unverwechselbar – Sie selbst!

Unverwechselbar – Sie selbst!

Eine gute Ausstrahlung ist ein Mix aus Selbstbewusstsein, aus Zauber und Ihrer Einzigartigkeit. Es ist Ihre Persönlichkeit, die Sie dabei ganz natürlich – zugegeben mit ein paar wirksamen Tricks – groß herausbringen können. Ist Ihre einfühlsam und sicher eingesetzte Körpersprache mehr als die halbe Miete bei einem gelungenen Auftritt, gibt es noch zwei Aspekte, die Ihre Performance erst abrunden. Der eine, das sind Ihr Image und Ihr Stil – also Ihre Optik, die Sie bei jedem Auftritt mit »verkaufen«. Der andere hat wieder viel mit Ihrer positiven Einstellung zu tun und besteht aus Ihrer Begeisterungsfähigkeit, Ihrer Lebensfreude und Ihrem Humor.

Was zählt: Persönlichkeit statt Pose

Der erste Eindruck, den wir von einem Menschen haben, ist nach wie vor sehr entscheidend.

Wir alle, selbst die Tiefsinnigsten und Seelenvollsten unter uns, verlassen uns beim ersten Anblick eines Menschen immer auf unser Auge und auf unsere Nase. Gefällt uns das, was wir sehen, stehen wir dem Menschen, der sich hinter dieser beeindruckenden oder sogar unvergesslichen Oberfläche verbirgt, auch offen gegenüber. Natürlich sind die Geschmäcker verschieden, doch gibt es selbst heute, wo in Sachen Mode alles erlaubt ist, eine unausgesprochene Vereinbarung darüber, was gefällt und was nicht. In manchen Berufssparten gibt es so genannte Dress Codes, die diese Einteilung leicht machen.

Die Mitarbeiter kleiden sich eben so, wie es firmen- oder branchenintern erwartet wird. Anzug und Kostüm im Bankwesen, schwarz in der Kreativbranche, weiß im Gesundheitsbereich. Trotzdem leben wir in einem Zeitalter, das von unserer Individualität geprägt wird. Welche Persönlichkeit versteckt sich hinter einer Uniform? Diese Frage stellt sich dem aufmerksamen Betrachter. Denn was uns bei anderen nachhaltig beeindruckt, das ist nicht ihre Adrettheit, es ist ihr Stil. Er ist es, der der Persönlichkeit erst ein Aussehen verleiht.

Stil – das ist die unverwechselbare Note, an die sich andere erinnern, wenn Sie längst den Raum verlassen haben.

Kreativität und Stärke, das Tüpfelchen auf dem »i«

Wenn Sie Ihren Stil bereits gefunden haben und ihn in allen Bereichen leben, dann können Sie dieses Buch jetzt getrost zuklappen und an Ihre beste Freundin verschenken, die in diesem Punkt vielleicht noch etwas Nachholbedarf hat. Ein gesundes Stilempfinden für sich und die eigene Persönlichkeit, das garantiert auch den entsprechenden Auftritt. Wir sehen es, wenn nicht an uns selbst, an anderen. Am deutlichsten erleben wir es an starken, kreativen Persönlichkeiten, die einfach wissen, was ihnen steht. Mir fallen dazu besonders reifere Frauenpersönlichkeiten ein, die durch ihr Stilempfinden, ihre Weisheit und ihren Charme bestechen.

Wie lernt man Charme? – Bleiben Sie entspannt

Sicher zu seinem Stil zu finden und damit den eigenen Auftritt souverän zu gestalten, ist das eine. Als Nächstes sind Ihre Fähigkeiten im Dialog mit anderen gefragt, sprich Ihre Fähigkeit zuzuhören und gut zu kontern. Witz und Charme sind die unentbehrlichen Ingredienzen von Gesprächen mit Nachwirkung. Wenn Sie möchten, dass der Blick der anderen länger

auf Ihnen verweilt, dann zeigen Sie im Gespräch, was in Ihnen steckt. Je humorvoller Ihnen das gelingt, desto erfreulicher für Ihre Zuhörer und desto höher Ihr Sympathiequotient. Nun wird nicht aus jeder von uns über Nacht eine Stand-up-Comedian, die mit einem Gag nach dem anderen dafür sorgt, dass die anderen vor Lachen unter den Tischen liegen. Darum geht es aber auch gar nicht. Üben Sie vielmehr, Ihr inneres Lächeln und Ihre Gelassenheit zu zeigen. Sie werden sehen: Gemischt mit etwas Leichtigkeit und Heiterkeit haben Sie binnen kürzester Zeit sogar die bärbeißigsten und schmallippigsten Typen auf Ihrer Seite.

Gelassenheit lässt sich üben

Heitere Gelassenheit, das ist eine innere Stärke, die unseren Blick auch auf die kleinen Dinge des Lebens öffnet, die uns freundlich zu anderen und milde mit uns selbst sein lässt. Je gelassener wir sind, desto mehr leben wir im Hier und Jetzt, desto gesammelter und innerlich aufgeräumter wirken wir. Gelassenheit und Entspanntheit soll dann auch das letzte Stichwort sein, um das es sich in diesem Kapitel dreht. Sie rundet unser Persönlichkeitsbild aufs Harmonischste ab. Um für Ihr Gleichgewicht zwischen Bewegung und Entspannung im Alltag zu sorgen, finden Sie auf den letzten Seiten dieses Kapitels (ab Seite 95) eine Reihe von entspannenden und stärkenden Kreativ- und Beweglichkeitsübungen für Körper, Geist und Seele – ein Programm, das Sie unbedingt ausprobieren sollten.

Freuen Sie sich über alles, was Sie mit Ihrer Gelassenheit erreichen und über die Menschen, die Sie für sich gewinnen. Genießen Sie sich in jeder Situation und seien Sie stets unverwechselbar Sie selbst!

Perfekt in Sneakers und Kostüm

Seinen Stil zu finden bedarf einigen Aufwandes. Sie können ihn ohne weiteres mit den Anstrengungen vergleichen, die es bedeutet, sich mit Ihrem Selbstbewusstsein, Ihrem Selbstbild und Ihrer Persönlichkeit zu befassen. Beides ist im Übrigen untrennbar miteinander verbunden: Persönlichkeit zeigt sich in einem bestimmten Stil. Und nur weil Stil sich an unserer Oberfläche abspielt, ist er noch lange nicht sinnentleert, wie aufrechte Vertreter der »Hauptsache-die-inneren-Werte-stimmen-Fraktion« behaupten. Es ist Ihr Stil, der in jeder Begegnung mit anderen zeigt, was Sie von sich halten, ob Sie sich mögen und ob Sie auch so gesehen werden – nichts anderes.

Zeigen, wer ich bin und wie ich lebe

Regine entwickelte bereits im zarten Alter von 20 Jahren ein sicheres Gefühl für ihren Stil. Warum ich das betone? Nun, es ist selten, dass so junge Menschen bereits ein so sicheres Gefühl für ihren Ausdruck besitzen. »Ältere Frauen wissen besser, was ihnen steht. Entsprechend treten sie auch auf«, sagt Vivienne Westwood, die exzentrische britische Designerin – und die muss es schließlich wissen, hat sie doch den Zenit ihrer Jugend auch längst überschritten.

Fallbeispiel

Regine hat ein grandioses Talent, sie ist unglaublich kreativ. Sie schafft es, aus wenig viel zu machen und aus wenigen Requisiten Aufsehen erregende Effekte zu erzielen: Wenn sie frisch gestylt aus der Haustür tritt, kann sie sicher sein, dass dem einen oder anderen Passanten, der ihr entgegenkommt, einfach der Mund offen stehen bleibt.

Regine arbeitet seit Jahren für ein und dieselbe Firma als Marketing-Executive und ist an guten Tagen, und wenn sie Lust hat, ein Hingucker. An weniger guten übrigens auch. Ihre Kleidungsstücke sind immer ausgesucht, selbst Sweatshirts oder Pullis mit Jeans sehen an ihr gut aus, weil sie mit Bedacht ausgewählt sind und zu ihr passen. Dabei schafft sie es sogar noch, bei der Auswahl ihrer Basics und ihrer Accessoires auf den Preis zu achten, und besorgt sich viel in Second-Hand-Läden oder auf dem Flohmarkt. Sie sieht eben sofort, was sie mit all den hübschen Dingen, die sie dort findet, anstellen und wie sie sie mit dem, was bereits in ihrem Kleiderschrank hängt, kombinieren kann. Mit ihr kommt schon deshalb nie Langeweile auf, weil sie eben das hat, was andere nicht haben.

Mut zum Besonderen gehört dazu

Wer seinen eigenen Stil gefunden hat, muss sich keinem Modediktat mehr unterwerfen.

Stilbewusstsein hängt nicht nur mit dem Blick für das, was zu uns passt, zusammen. Stil bedeutet in erster Linie Unverwechselbarkeit und auch den Mut, aufzufallen. Klassisch-Bewährtem beispielsweise haftet oft ein Langweiler-Image an. Viele Frauen verlassen sich auf die »Erfolgs-Uniform« aus Twinset mit Perlenkette, weißer Bluse zu dunkler Hose oder das berühmte dunkelblaue Kostüm. Sie machen keine Experimente und drücken genau das auch aus. Andere verlegen sich auf die sportliche Note in Sneakers, Jeans und Sakko und wirken damit lässig und verlässlich, wie unter Sportskollegen so üblich, aber eben auch plump und wenig raffiniert. Wieder andere sind der festen Überzeugung, dass auch Strickpulli und Kordhose reichen, um den Betrachter die wahren inneren Werte erkennen zu lassen. Falsch – in etwas mehr als einem Augenblick hat dieser Sie als zwar passend zum Wetter ge-

kleidet eingestuft, aber eben auch als nichts sagend – und ohne Stil.

Zeigen Sie doch, dass Sie etwas Besonderes sind! Auch wenn Sie überzeugt sind, dass Sie derlei Oberflächlichkeiten nicht nötig haben, lassen Sie sich eines Besseren belehren. Wollen Sie Erfolg haben, seien Sie gut zu sich. Ihren Stil zu finden und zu pflegen ist mit das Beste, was Sie für sich tun können.

Was ist eigentlich Stil?

Stil, Persönlichkeit und Selbstbewusstsein sind untrennbar miteinander verbunden. Deshalb brauchen wir oft jahrelang, um wirklich zu unserer eigenen Linie zu finden. Stil, das hat nichts damit zu tun, Moden und Trends hinterherzulaufen und zum Opfer der Modediktatur zu werden. Stil ist die Kunst, aus dem großen Angebot an allem, was das Leben schöner macht, das zu uns Passende herauszupicken. Und das sind nicht nur Kleider und Accessoires, Frisur und Make up, sondern auch Einrichtungsgegenstände, die Art wie wir leben, wie wir essen und trinken oder mit welchen Dingen wir uns in unserer Freizeit beschäftigen.

Stil können wir entfalten, wenn wir Spaß an unserer Persönlichkeit ausdrücken wollen. Wir müssen ein Bild von uns selbst vor unserem inneren Auge haben.

Erfinden Sie sich neu!

Stil ist nichts, was man einmal festlegt, ohne es dann jemals wieder zu ändern. Sie können Ihren Stil jederzeit ändern – und vor allem verbessern. Die Kleidung ist unsere zweite Haut. Im Gegensatz zur ersten können wir sie auswählen und auch wechseln. Je kreativer Sie dabei sind, desto besser.

(!) Tipp

Zehn goldene Stilregeln

Entwickeln Sie Ihr eigenes Styling. Niemand kann Sie zur Unauffälligkeit und damit zur Selbstverleugnung zwingen.

- Überlegen Sie für sich: Was möchte ich in meiner Kleidung ausdrücken und stärker zum Vorschein bringen?
- Wer ist in Sachen Mode und Lifestyle Ihr Vorbild? Studieren Sie, wie sich Ihre Vorbilder kleiden, wie sie leben und was sie dafür tun.
- Entwickeln Sie ein Gefühl für Ihre Schönheiten und Ihre Besonderheiten: Schreiben Sie sich in einer Spalte auf, was Sie schön und attraktiv an sich finden, also zum Beispiel Ihre Taille, Ihren Busen oder Ihre Hände. Dazu gehören auch Ihre »Spezialitäten«, also Ihre zu klein oder zu groß geratene Nase, dass Sie eher untergewichtig oder aber für Kleidergröße 44 gebaut sind, dass Sie eher hoch gewachsen oder eher zierlich sind. In der anderen Spalte notieren Sie, was dazu Ihrer Meinung nach am besten passt, zum Beispiel: schöne Gürtel, schmale Tops aus edlen Materialien, ein neuer Nagellack oder aber Schmuck, perfekt geschnittene Haare, gutes Augen- und Lippen-Make-up, feminin wirkende Kleidungsstücke, streckende Farben und Muster, Anzüge und lange Röcke, kleine Muster und Kostüme.
- Misten Sie Ihren Kleiderschrank aus und legen Sie konsequent alles beiseite, was Sie seit der letzten Saison nicht mehr getragen haben.
- Überprüfen Sie Ihren Bestand an den so genannten Basics – Basisteilen wie Hosen, Röcke, Blusen, Tops, Jacken oder Mäntel – die sie gut miteinander kombinieren können. Sortieren Sie genauso Schuhe, Schmuck und Accessoires, Dessous und Nachtwäsche. Achten Sie dabei auf folgende Aspekte: Welche Schnitte stehen mir? Welche Farben unterstreichen meinen Typ?

- Weniger ist mehr! Achten Sie auf Qualität anstatt auf Quantität. Geben Sie lieber selten mehr Geld für Kleidung aus als ständig kleinere Summen. Letzteres geht mehr ins Geld.
- Finden Sie »Ihre« Boutiquen heraus, in denen Sie immer so erfolgreich fündig geworden sind, dass Sie lange mit Ihrem Einkauf zufrieden waren. Lassen Sie sich in die Kundenkartei aufnehmen, so dass Sie über Schlussverkäufe und Präsentationen frühzeitig informiert werden.
- Suchen Sie sich einen Frisör, bei dem Sie sich gut aufgehoben fühlen. Professionelle Haarpflege tut nicht nur Ihrer Seele gut – sie ist oft die halbe Miete bei einem guten Styling.
- Lassen Sie sich ruhig von Profis in Sachen Make up und Farbauswahl beraten. Gehen Sie dabei aber auch immer nach Ihrem Gefühl, ob das Vorgeschlagene auch zu Ihnen passt.
- Zum Schluss noch einmal Mrs. Westwood: »Wer Stil haben will, muss sich in seinen Kleidern wohl fühlen, sonst wird man von ihnen getragen statt umgekehrt.«

Stilvoll in jedem Bereich

Je mehr wir uns darum kümmern, gut auszusehen, desto mehr spiegelt sich das in unserer inneren Haltung wider. Sie sind schlecht gelaunt? Sie richten sich trotzdem her – Bingo! Allein dieses Sich-ein-paar-Minuten-konzentriert-um-sich-Kümmern macht den Tag lebenswert. Genauso funktioniert die Rückkoppelung, wenn Sie Ihren Stil auf alle Lebensbereiche ausdehnen. Zeigen Sie beim Wohnen, Essen und Trinken, bei Ihren Hobbys, Reisen, Einladungen, was Sie schätzen und was Ihnen wichtig ist. Das geht auch mit geringen Mitteln und ist wirklich keine Frage des Geldbeutels. Kreativität ist auch hier das Zauberwort. Fangen Sie deshalb an, alle persönlichen Le-

Stil betrifft nicht nur unser Outfit und unser Styling. Unser Aussehen ist wichtig für unsere Gesamtwirkung und unseren Auftritt.

bensbereiche einem gründlichen Check zu unterziehen. Beantworten Sie sich dazu die folgenden Fragen, jeweils auf die verschiedenen Bereiche angewandt:

- Was gefällt Ihnen daran, wie Sie Ihr unmittelbares Umfeld gestalten, was nicht?
- Was möchten Sie ändern?
- Wer kann Ihnen dabei helfen?

Besorgen Sie sich Bücher und Zeitschriften, aus denen Sie sich Anregungen holen können. Misten Sie Altes und Überholtes aus, machen Sie neue Pläne, bei denen Sie sich, so wie Sie sich fühlen und wie Sie sind, einbringen. Das alles macht wenig Mühe und wird rasch von Erfolg gekrönt sein: Stilsicherheit schafft Ihnen Respekt, Freiräume und meist uneingeschränkte Bewunderung.

Üben Sie die Leichtigkeit des Seins

Natürlichkeit und Unverwechselbarkeit – diese beiden Wesenszüge machen Ihre sympathische Ausstrahlung und ein einnehmendes Auftreten aus. So weit waren wir schon. Doch noch fehlt uns das Tüpfelchen auf dem »i«, das Ihren Auftritt wirklich vollkommen macht.

Natürliche Souveränität, das sehen wir auch an anderen Menschen, ist entspannt – im besten Fall sogar beschwingt.

Weder Natürlichkeit noch Stil lassen sich forcieren, ganz im Gegenteil. Eine Frau, die souverän auftritt und dabei andere zum Strahlen bringt, hat ein gutes Selbstbewusstsein, ist optimistisch und überzeugt von dem, was sie vertritt. Doch verkrampft sie sich nicht dabei. Im tiefsten Inneren weiß sie: »Sollte mein Auftritt aus welchen Gründen auch immer schief gehen, dann ist das kein Weltuntergang und hat vor allem

nichts damit zu tun, dass ich nicht gut genug bin.« Gelingt ihr etwas nicht, ist das im Moment unangenehm, blockiert vielleicht das Fortkommen einer Sache. Danach wird es aber auf jeden Fall weitergehen, vielleicht anders, als sie es sich vorgestellt hat- vielleicht sogar ohne sie - aber es läuft weiter.
Allein diese Tatsache anzunehmen, dass alle Dinge im Leben sich im Fluss befinden, ist ein wesentliches Merkmal von Gelassenheit. Lösen Sie sich von der Auffassung, dass irgendetwas in diesem Leben unbedingt sein muss. Nichts muss wirklich sein. Manchmal läuft das Leben auch ganz anders, wir sehen den anderen Weg vielleicht nur momentan noch nicht.

Ernst ist das Leben, heiter ist das Leben

In diesem Buch geht es immer wieder darum, sein Leben endlich in die Hand zu nehmen und selbstbestimmt seine Träume zu leben. Das ist richtig so. Doch Lockerlassen und Loslassen macht das Leben und die Verwirklichung unserer Träume einfacher. Das ist gerade für die Ehrgeizigen und Zielstrebigen unter uns sehr schwierig nachzuvollziehen.

Je mehr wir in uns ruhen, desto eher kommen die Dinge auf uns zu.

Wir haben nicht alles in der Hand. Zwar können wir uns Gutes tun und darüber ein positives Selbstbild und eine gute Ausstrahlung vermitteln. Aber bei alledem bleiben wir doch wir selbst - Menschen mit all ihren Macken und Makeln. Verbeißen Sie sich deshalb nicht in die Idee, alles perfekt zu machen. Sie können mit dem Positiv-Programm auf den vorangegangenen Seiten Ihre Sache gut machen. Seien Sie aber auch so gut zu sich, dass Sie sich dabei nicht überfordern. Nehmen Sie das Leben so wie es ist - unregelmäßig und voller Stolpersteine, aber auch voller sonniger Lichtblicke. Haben Sie Respekt vor den großen Abläufen in der Natur und freuen Sie sich über

die kleinen Dinge, die Sie umgeben. Nehmen Sie das, was das Leben für Sie bereithält auf, und halten Sie es nicht allzu fest. Lassen Sie die Dinge – und sich mittendrin – im Fluss.

Freuen Sie sich an sich

Sie werden sehen: Je entspannter Sie mit sich umgehen und je weniger Erwartungen Sie an Ihr neues Ich haben, das mehr und mehr zum Vorschein kommt, desto gelassener und strahlender werden Sie auch der Welt und anderen Menschen begegnen. Nehmen Sie sich an der Hand und freuen sich einfach darüber, dass es Ihnen gelungen ist, einen neuen Anfang für sich zu finden und so gut weiterzumachen.

Die Freude an unserem neuen Leben bewirkt auch, dass wir bei einem Erfolg innehalten und eine wohl verdiente Pause einlegen.

Diese Freude hat nichts mit Stolz zu tun. Sie ist Ausdruck von Leichtigkeit und Optimismus und sorgt dafür, dass wir die ewige Nörglerin in uns zum Schweigen bringen, der es nicht schnell genug geht oder die vielleicht jetzt schon mehr Erfolge sehen will. Sie lässt uns wieder kleine Dinge bemerken, die schön und anrührend sind. Sie sorgt dafür, dass wir wach bleiben und einfühlsam sind für die Bedürfnisse der anderen.

Seien Sie gut zu sich

- Kümmern Sie sich jeden Tag ein paar Minuten, und an manchen Tagen etwas mehr, nur um sich. Schaffen Sie sich diese kleinen Freiräume immer wieder.
- Besorgen Sie sich regelmäßig frische Blumen für die Wohnung oder Ihren Schreibtisch. Stellen Sie sich duftende Kräuterkästchen in die Küche und Duftpotpourris ins Bad. Beleben Sie Ihre Sinne in jedem Wohnbereich.
- Gehen Sie jeden Tag für mindestens 20 Minuten spazieren, walken oder schwimmen. Bewegung an der frischen Luft

lüftet uns aus, klärt die Gedanken und sorgt darüber hinaus für gesunde und ausgeglichene Körperfunktionen, die sich nicht zuletzt in unserer Haltung und unserer körperlichen und geistigen Beweglichkeit bemerkbar machen.

- Sorgen Sie je nach alltäglicher Belastung für regelmäßige Auszeiten. Führen Sie in Ihren Entspannungsphasen gezielte Entspannungsübungen wie Yoga, T'ai Chi oder Atemübungen durch oder gehen Sie zur Massage, in die Sauna oder tun Sie gezielt etwas, das Ihrem persönlichen Wohlbefinden gut tut.
- Kümmern Sie sich um Ihr Kreativ-Potenzial. Genauso wie Entspannungsphasen sollten Sie regelmäßige Kreativzeiten einlegen. Hier können Sie musizieren, malen, Tagebuch schreiben, laut Gedichte vorlesen, selber dichten, Theater spielen, Kuchen backen, neue Gerichte erfinden, nähen oder handarbeiten, basteln ... – einfach alles tun, wozu Sie sonst »keine Zeit haben«.
- Lernen Sie wieder zu staunen. In der antiken griechischen Philosophie gilt das Staunen als der Anfang allen Lernens und aller Weisheit. Am besten funktioniert das übrigens in der Begleitung von Kindern. Sie sind die geborenen Philosophen, weil sie offen und ohne Vorurteile die Welt und das Leben entdecken wollen. Lassen Sie sich von einem solchen kleinen Menschen an die Hand nehmen und gehen Sie mit Kinderschritten langsam und mit offenen Sinnen durch Ihre Stadt oder einfach hinaus in die Natur. Riechen Sie, schauen Sie, wundern Sie sich, fragen Sie sich und lassen Sie sich begeistern, von all den Kleinigkeiten und wunderbaren Dingen, die Sie auf Ihrem Spaziergang neu entdecken und in sich aufnehmen werden.

Von Kindern kann man das Staunen über die Welt neu lernen.

Lassen Sie Ihre Gefühle zu!

Natürlich sind wir durch mehr Gelassenheit, Lebensfreude und Toleranz nicht gegen unsere dunkleren Gefühle gefeit. Auch Angst, Wut und Trauer gehören zum Menschsein dazu. Wo Licht ist, ist auch Schatten. Oft hilft erst das Dunkle dabei, das Licht zu erkennen. Denn es birgt ein beträchtliches schöpferisches Potenzial und kann uns einen großen Schritt in unserer Persönlichkeitsentwicklung vorwärts bringen.
Wut, Traurigkeit und besonders unsere Ängste zeigen uns, dass wir nur ein winziges Etwas im Kosmos sind, dass unser Leben endlich und begrenzt ist. Diese Gewissheit ist es, die unsere dunklen, schwachen Charakterzüge zum Vorschein bringen kann, aber auch unsere Fähigkeiten und Talente. Jedes dieser Gefühle kann uns motivieren: Erst das Nichtgelingen, erst die Begrenztheit wecken unsere schlafenden Energien und regen uns dazu an, endlich etwas für uns, für unsere Persönlichkeit zu tun. Es sind nicht immer positive Visionen und Lebensentwürfe, die Änderungskräfte in uns freisetzen.

Warum sich alle Gefühle die Waage halten sollten

Bei einem gut entwickelten Selbstbewusstsein halten sich all diese Gefühle die Waage. So entsteht unser inneres Gleichgewicht, das sich äußerlich in einem entspannten Auftreten zeigt. Lassen Sie zu viel Negatives und Schwächendes an Gefühlen zu, verlieren Sie langfristig Energien, und es wird immer schwieriger, sich aus ihrem Sog zu befreien. Für wen das Leben nur aus Liebe, Party und Sonnenschein zu bestehen hat, verglüht an der eigenen Oberfläche und beraubt sich der Möglichkeit, zu einer runden Persönlichkeit zu werden.

In der Traditionellen Chinesischen Medizin ist die Balance zwischen den verschiedenen Emotionen eine unabdingbare Voraussetzung für Gesundheit.

Behandeln Sie Emotionen wie Trauer und Leid, Angst und Wut als genauso zu Ihrem Leben zugehörig wie das Lachen, die Liebe und die Begeisterungsfähigkeit für kleine und große Dinge, dann sind Sie auf dem richtigen Weg. Ihre Gelassenheit kann zu innerer Heiterkeit werden, die Sie das Leben und die Menschen voller Respekt so sehen lässt, wie sie sind: wunderbar, wechselhaft, wandelbar, werdend, vergehend – aber immer einzigartig.

Nur durch Leid können wir reifen und zu Menschen werden, die einfühlsam, stark und voller Charisma sind.

Lockerungsübungen für Körper, Geist und Seele

Gelassenheit ist eine innere Haltung und die wichtigste Grundlage für unsere positive und souveräne Ausstrahlung. Wir können versuchen, über unseren Verstand zu einer Geisteshaltung zu gelangen, die uns gelassen stimmt. Das ist der klassische Weg für uns Menschen aus dem Abendland, die wir gelernt haben, unser gesamtes Tun und Trachten mit dem Kopf zu steuern und im Griff zu haben. Darin sind wir geübt und meistens sehr perfekt. Wir können auch versuchen, über unsere Sinne und unsere Gefühle zu mehr Heiterkeit und Entspanntheit zu gelangen. Das ist schon schwieriger. Und wir können sehr wirkungsvoll über unseren Körper nach innen gehen und uns so – ganzheitlich – positiv beeinflussen. Diese Methode entleihen wir uns aus dem asiatischen Kulturkreis, dessen Philosophien einen sehr sinnlichen und lebensnahen Aspekt haben. Hier ist alles miteinander verwoben: Geist, Seele und Körper, Denken und Wissen, Fühlen und Spüren, Bewegen und Loslassen.

Wirkungsvolle Wege, um zu sich zu finden

Kurse zu verschiedenen Entspannungstechniken werden heute in den meisten Städten und Gemeinden an Volkshochschulen oder privaten Schulen angeboten.

Spätestens seit Sie sich mit Ihrer Körpersprache beschäftigt haben, wissen Sie, wie sehr Ihre äußere Haltung Ihr Innenleben beeinflusst. Auf diesem Weg gehen wir jetzt weiter. Ich habe aus dem riesigen Kanon an Techniken die hier bekanntesten ausgewählt und für Sie einige Übungsbeispiele aus

- der Kunst des Atmens
- dem altindischen Yoga-Zyklus
- dem Weg nach innen durch Meditation
- dem chinesischen T'ai Chi chuan

ausgesucht. Sie können Sie in aller Ruhe ausprobieren und dann für sich entscheiden, was am besten zu Ihnen passt.

Die Kunst des Atmens

Durch das »richtige« Atmen regen wir alle vitalen Vorgänge in Körper, Geist und Seele an, Nervosität und innere Unruhe nehmen ab.

Atem ist Lebensenergie. Im indischen Sanskrit haben die Begriffe Atem und Energie sogar ein und dieselbe Bedeutung. »Richtig« atmen wir, wenn sich beim Einatmen die Bauchdecke hebt und vom Zwerchfell aus der gesamte Organismus mit Sauerstoff versorgt wird. Beim Ausatmen wird der Bauch dann wieder flach.

Übung ▶

Prana Yama

Prana Yama ist eine einfache Atemübung aus der altindischen Heilkunst Ayurveda, die auch zwischendurch in Stresssituationen für Entspannung sorgt. Prana Yama können Sie jederzeit einsetzen, wenn Sie ein paar Minuten für sich haben.

- Setzen Sie sich bequem auf einen Stuhl und atmen Sie mehrmals hintereinander ruhig ein und aus. Kopf, Schultern und Hüften bilden dabei eine gerade Linie. Legen Sie Ihre linke Hand auf den Bauch.

- Verschließen Sie mit dem rechten Daumen das rechte Nasenloch und atmen Sie durch das linke Nasenloch ein. Nach dem Einatmen verschließen Sie das linke mit Ihrem Ringfinger, öffnen das rechte Nasenloch und atmen aus.
- Atmen Sie dann durch das rechte Nasenloch ein. Nach dem Einatmen verschließen Sie mit dem Daumen das rechte Nasenloch, öffnen das linke und atmen dadurch aus.
- Diesen Zyklus – links einatmen, rechts ausatmen und rechts einatmen, links ausatmen – wiederholen Sie viermal.

Übung im Liegen

Übung

Noch effizienter, beispielsweise bei Lampenfieber oder wenn Sie sehr aufgeregt sind, ist diese Übung. Dazu müssen Sie allerdings die Möglichkeit haben, sich hinzulegen. Ideal ist sie auch nach einem langen, anstrengenden Tag, um zur Ruhe zu kommen.

- Legen Sie sich auf den Rücken und schieben Sie ein Kissen unter den Nacken, damit sich Wirbelsäule und Brustkorb entspannen können. Stellen Sie beide Beine auf. Ihre Hände legen Sie locker auf Ihren Bauch. Konzentrieren Sie sich ganz auf Zwerchfell und Bauch und spüren Sie, wie er sich beim Atmen hebt und senkt.
- Atmen Sie zuerst kräftig durch die Nase aus und warten Sie so lange mit dem Einatmen, bis Sie nicht mehr können. Atmen Sie dann in einem Zug durch die Nase ein und gleich wieder aus.
- Auf diese Weise atmen Sie zwanzigmal ein und aus. Wenn es Ihnen anfangs beim Üben etwas schwindlig wird, reduzieren Sie die Anzahl der Atemzüge, bis Sie sich an diesen Rhythmus des Luftholens gewöhnt haben.

Yoga für jeden Tag

Die heute bekannten und praktizierten Yogatechniken dienen alle der Tiefenentspannung und zum »Zügeln des unruhigen Geistes«. Sie sind somit ideal für all diejenigen unter uns, die schwer zur Ruhe kommen. Yoga ist eine sanfte Methode, die uns bei regelmäßiger Durchführung sicher in uns verankert.

Übung ▶

Der Sonnengruß

Der Sonnengruß – idealerweise am Morgen durchgeführt – verbessert Ihr Körperbewusstsein, entspannt und macht Sie gelassener.

Der Sonnengruß setzt sich aus zwölf Yogastellungen zusammen, die kurz aufeinander folgen und nach einiger Übung so ineinander fließen, als ob sie eine Bewegung sind. Üben Sie am besten vor dem offenen Fenster oder wenn möglich draußen an der frischen Luft. Ein Zyklus dauert zwei Minuten und sollte von einem Durchgang auf sechs Durchgänge gesteigert werden.

1. Stehen Sie aufrecht, falten Sie Ihre Hände vor dem Brustbein und lassen Sie die Füße nebeneinander gestellt.
2. Beugen Sie sich mit ausgestreckten Armen nach hinten über. Die Beine bleiben dabei gestreckt.
3. Dann beugen Sie sich langsam nach vorne. Versuchen Sie, bei durchgedrückten Knien mit Ihren Fingerspitzen den Boden zu erreichen.
4. Machen Sie einen weiten Grätschschritt nach hinten. Das rechte Bein ist gestreckt, das linke angewinkelt. Ihre Hände stützen Sie vor dem abgewinkelten Bein parallel zueinander auf den Boden. Ihr Kopf ist gesenkt. Wippen Sie in dieser Stellung leicht nach oben und unten.
5. Strecken Sie nun das eben angewinkelte Bein auch in einem Grätschschritt nach hinten aus und recken Sie Ihren Po nach oben. Ihr Gesicht blickt dabei auf Ihre Knie.

Atmen Sie während der ganzen Übungsfolge ruhig und entspannt aus dem Bauch heraus.

6. Gehen Sie nun hinunter zum Boden in Liegestützstellung und drücken Sie Ihren Rücken zu einem Hohlkreuz durch.
7. Pressen Sie sich mit den Armen nach oben und strecken Sie dabei den Rücken gerade. Die Liegestütze können Sie von Tag zu Tag steigern.
8. Gehen Sie wieder zurück in Stellung 5.
9. Nun führen Sie denselben Grätschschritt wie in Stellung 4 durch. Allerdings strecken Sie jetzt das linke Bein aus und winkeln das rechte an. Wippen Sie wieder leicht nach oben und unten.
10. Richten Sie sich etwas auf und begeben Sie sich in Stellung 3. Versuchen Sie, bei durchgedrückten Knien mit Ihren Fingerspitzen den Boden zu erreichen.
11. Strecken Sie sich jetzt nach oben aus wie in Stellung 2 und recken Sie Arme und Oberkörper weit nach hinten.
12. Beenden Sie den Sonnengruß, wie Sie ihn begonnen haben, in aufrechter Stellung und mit vor dem Brustbein gekreuzten Händen.

Bleiben Sie noch einige Atemzüge lang in dieser Stellung stehen. Beginnen Sie dann, wenn Sie möchten, den zweiten Zyklus. Nachdem Sie den Sonnengruß genügend oft wiederholt haben, legen Sie sich hin, strecken die Wirbelsäule und entspannen sich. Schließen Sie die Augen und ruhen Sie ein bis zwei Minuten lang.

Meditierend auf dem Weg nach innen

Übung

Zur Besinnung, inneren Sammlung und Stärkung kann auch Meditation die Technik der Wahl sein. Ziehen Sie sich zum Meditieren an einen ruhigen Ort zurück und versuchen Sie, regelmäßig zu üben.

- Setzen Sie sich im Schneidersitz auf den Boden.
- Nehmen Sie mit beiden Händen den rechten Fuß und legen Sie ihn mit dem Rist auf dem linken Oberschenkel ab. Das linke Bein liegt dabei in Schneidersitzhaltung entspannt auf dem Boden.
- Legen Sie Ihre Hände mit den Handrücken auf Ihre gebeugten Knie. Die Fingerspitzen zeigen dabei nach vorne. Mit den Mittelfingern berühren Sie den Boden.
- Konzentrieren Sie sich auf Ihren Atem und spüren Sie, wie die Energie der Erde über Ihre Finger in Sie hineinströmt. Schließen Sie die Augen und verweilen Sie einige Minuten in dieser Stellung.
- Liegt der rechte Fuß auf dem linken Oberschenkel, so fassen Sie mit beiden Händen den linken Fuß und legen ihn auf den rechten Oberschenkel.
- Versuchen Sie Ihre Füße, die nun beide auf den Oberschenkeln liegen, bis hinauf in die Leistenbeuge zu ziehen. Ihre Knie sollten dabei den Boden berühren.
- Lassen Sie dann Ihre rechte Hand in der linken Hand wie in einer Schale ruhen. Die Daumenspitzen sollten sich dabei berühren, um den Energiekreislauf zu schließen.
- Schließen Sie die Augen und atmen Sie ruhig und gleichmäßig. Führen Sie diese Übung so lange durch, wie sie Ihnen angenehm ist.

T'ai Chi chuan

Ein chinesisches Sprichwort besagt, dass das Schattenboxen den Geistesfrieden eines Weisen, die Robustheit eines Holzfällers und die Gelenkigkeit eines Kleinkindes verleihen kann – sofern man mindestens 20 Minuten täglich übt.

Besonderes Augenmerk wird bei dem ästhetischen Bewegungszyklus des T'ai Chi, der aus 24 Übungen besteht, auf die Körperhaltung gelegt. Gleichzeitig regen die Heilübungen den freien Fluss unserer Lebensenergie, das so genannte Qi, an. Auch die tiefe Atmung ist beim T'ai Chi chuan äußerst wirksam. Sie sorgt nicht nur für die Beweglichkeit des Zwerchfells und der Bauchmuskeln, sondern massiert alle in der Bauchhöhle befindlichen Organe und stärkt so unser Energiezentrum. Folgende Übung können Sie selbst einmal versuchen. Wenn möglich, üben Sie im Freien in bequemer Kleidung und mit leichten Schuhen.

Bis man T'ai Chi perfekt beherrscht, dauert es Jahre – trotzdem sind erste Erfolge rasch feststellbar.

Der Zen-Stand

◀ Übung

Wenn diese Übung in ganzer Harmonie beherrscht wird, entspannen Sie sich, und Sie gewinnen wieder neue Kräfte. Sie ist auch gut geeignet zur Meditation. Atmen Sie während der ganzen Übung ruhig durch die Nase ein und aus.

1. Stellen Sie sich gerade auf, Ihre Füße etwa hüftbreit auseinander, die Fußspitzen leicht einwärts gerichtet. Ihr Körpergewicht ruht vorne auf den Füßen.
2. Beugen Sie leicht Ihre Knie, ohne sich zu verkrampfen. Sie sollten diese Bewegung als Entlastung empfinden. Rücken, Schultern, Hals und Kopf bilden eine Linie. Ihre Arme hängen locker an den Seiten herunter, die Handflächen zeigen nach hinten.
3. Nun winkeln Sie die Hände leicht an, führen Sie vor den Körper, die Handflächen flach vor Ihrem Brustkorb, die Daumen gereckt. Ihre Fingerspitzen schauen zueinander, ohne sich zu berühren, mit etwa zehn Zentimetern Abstand.
4. Üben Sie das Zen-Stehen fünf bis zehn Minuten lang.

So klappt's mit der Karriere

So klappt's mit der Karriere

Welchen (neuen) Berufsweg Sie einschlagen möchten, das ist der Inhalt vieler wichtiger Zukunftsvisionen. Vielleicht sind Sie bereits seit Jahren berufstätig und möchten sich einfach weiterentwickeln. Vielleicht haben Sie eine Weile pausiert, weil Sie ein Baby bekommen haben, oder Sie stehen am Anfang Ihres beruflichen Werdeganges. Erfolg im Beruf ist wichtig. Das liegt nicht nur daran, dass er uns in gewissem Maße Einfluss und auch Macht verleiht, sondern weil wir Teile unserer Persönlichkeit nur im Beruf erproben und verwirklichen können.
Unsere positive Ausstrahlung und unser Auftreten spielen eine ganz wesentliche Rolle bei der Umsetzung von Berufswünschen und -plänen. Alles, was Sie bis hierher erfahren haben, gehört zu den Grundlagen Ihres Erfolgs. Trotzdem gibt es noch einige Aspekte, auf die es sich lohnt, einen Blick zu werfen, wenn Sie eine berufliche Neuorientierung oder einen chancenreichen Einstieg ins Berufsleben planen.

Bereiten Sie sich vor

Sie haben eine Lebensphase erfolgreich abgeschlossen, haben die Schule beendet, eine Ausbildung, ein Studium – oder Ihre Kinder sind groß genug, so dass Sie in aller Ruhe an Ihre berufliche Entfaltung denken können. Vor Ihnen liegt das Tor zu einer neuen Welt voller Perspektiven.

Darum, wie groß diese Welt tatsächlich ist und wo sich Ihr neuer Platz darin befindet, geht es jetzt. Welche Möglichkeiten wollen Sie in dieser Welt wirklich ausschöpfen? Wollen Sie umziehen, eine Fremdsprache lernen, neue Freunde kennen lernen, ganz von vorne anfangen oder in der Nähe bleiben, da Sie sich bereits an Ihrem Wunschort befinden, und Ihren Freundeskreis beibehalten? Beides hat seine Berechtigung, Hauptsache es passt zu Ihnen und Ihrem Wesen. Führen Sie auf jeden Fall vor einer Änderung Ihrer Lebensumstände eine Bestandsaufnahme durch. Ihr Inhalt: Zu welchen Schritten sind Sie wirklich bereit? Welche Konsequenzen nehmen Sie für Ihre Partnerschaft oder Familie in Kauf?
Beantworten Sie sich die folgenden Fragen und behalten Sie die Antworten für Ihr weiteres Vorgehen im Hinterkopf:

(!) Tipp

Wozu bin ich bereit?

- Will ich ausschließlich meine Vision verwirklichen, oder sind dabei äußere Notwendigkeiten und andere Menschen beteiligt?
- Was möchte ich beruflich erreichen, und welche Bedeutung hat der nächste Schritt für meine Karriere und meinen Lebensweg?
- Was verspreche ich mir von meiner neuen Position? Welche Erfolge will ich dort erzielen, mit welchen Menschen werde ich zusammenarbeiten, wie werde ich privat leben?
- Bin ich bereit, in eine andere Stadt oder ein anderes Land zu ziehen, um mich beruflich

weiterzuentwickeln? Welche Konsequenzen hätte das auf meinen Freundeskreis, meine Partnerschaft und meine Familie?

- Bin ich bereit, dazuzulernen? Kümmere ich mich um Fortbildungsmaßnahmen?
- Bin ich bereit, noch einmal von vorne anzufangen, um in einem neuen Berufsfeld tätig zu werden?
- Bin ich bereit, auf neue Menschen zuzugehen, die mich bei meiner beruflichen Weiterentwicklung unterstützen können? Wer ist das momentan?
- Schätze ich meine Fähigkeiten und meine Möglichkeiten richtig ein? Wen kann ich dazu befragen?

Was bringe ich mit – was fehlt?

Ihre jetzige Zielsetzung lautet: Ich möchte mich beruflich verändern und einen neuen Weg einschlagen, der zu mir passt. Hier kann ich mich mit meiner ganzen Persönlichkeit bestmöglich präsentieren, hier fühle ich mich wohl.

Um diesem Ziel näher zu kommen, werden Sie sich noch einmal mit Ihren Stärken und Talenten beschäftigen. Sie sind Ihr Kapital und gleichzeitig die Batterien für Ihre Motivation und die Disziplin, die Sie brauchen, um Ihre Ziele auch erfolgreich umzusetzen. Außerdem können Sie sich gleichzeitig darüber klar werden, was Ihnen für das Erreichen Ihrer nächsten Lebens- und Berufsstation noch fehlt.

Unterteilen Sie dazu ein Blatt Papier in zwei senkrechte Spalten. In der linken Spalte schreiben Sie alles auf, was Sie mitbringen: Ihre Stärken, Ihr berufliches Know-how und Menschen,

die Ihnen dabei helfen können. Dem stellen Sie in der rechten Spalte konkrete Aufgaben gegenüber, die Sie Ihrem Ziel näher bringen. Dort steht dann vielleicht Ihrer mangelnden Präsentationssicherheit die Aufgabe »mit der Leiterin der Exportabteilung sprechen« gegenüber. Die Punkte in der rechten Spalte sortieren Sie nach Prioritäten.

Jetzt kriegen Sie den Job!

Gehen Sie so gelassen wie möglich in ein Vorstellungsgespräch – und vor allem ausgeschlafen!

Setzen Sie sich vor wichtigen beruflichen Situationen mit Ihrem Coach, Ihrer besten Freundin oder Ihrem Partner zusammen. Mit ihm können Sie Ihr Auftreten bei einem Vorstellungsgespräch besprechen. Das Wichtigste ist hier wie überall Ihre Gelassenheit und Ihr positives Selbstbild. Um Ihr Lampenfieber am Abend zuvor in Schach zu halten, eine spezielle Empfehlung: Proben Sie die Situation und machen Sie einen Fehler nach dem anderen. Üben Sie peinliches Auftreten, langweilige Antworten, alberne Gesichtsausdrücke, so dass Sie und Ihr Zuschauer herzlich darüber lachen können. So nehmen Sie der Situation ihre Dramatik und reduzieren sie auf das, was sie ist: eine Chance von vielen. Lachen ist das beste Mittel gegen Angst und Panik. Am nächsten Morgen werden Sie deutlich entspannter sein, als wenn Sie die Situation ernsthaft durchgeprobt hätten, was letztlich nur verkrampft.
Zweiter Tipp: Sagen Sie sich vor dem Einschlafen anstatt Schäfchen zu zählen immer wieder: Ich werde strahlen. Ich werde Erfolg haben. Dasselbe noch einmal morgens unter der Dusche. Bereiten Sie sich dann ein leichtes, bekömmliches Frühstück vor und versuchen Sie es wirklich zu genießen.

Der erste Eindruck ist der entscheidende

Bedenken Sie bei den Vorbereitungen auf Ihr Vorstellungsgespräch, dass Ihr Gegenüber sehr rasch entscheiden wird, ob er oder sie Sie sympathisch findet. Es geht eben nicht nur darum, was Sie können und ob Sie sich am Morgen hübsch gemacht haben. Es geht darum, ob er oder sie von Ihnen beeindruckt ist, glaubt, mit Ihnen eine Persönlichkeit einzukaufen, die der Firma Nutzen bringt.

Bleiben Sie innerlich überzeugt von sich, dann werden Sie sich auch am vorteilhaftesten in Szene setzen.

Haben Sie einen positiven ersten Eindruck gemacht, dann sind Sie interessant, und es wird ein Gespräch stattfinden, in dem Ihr Gegenüber auch aufmerksam zuhören wird. Klar, dass das, was Sie jetzt zu sagen haben, über das hinausgehen sollte, was in Ihrem Bewerbungsschreiben steht.

Tipp (!)

Diese Eigenschaften nehmen Chefs unter die Lupe:
- Ihr Selbstwertgefühl: positiv soll es wirken.
- Ihre Teamfähigkeit: soziale Kompetenz, emotionale Intelligenz, Motivation, Begeisterungsfähigkeit.
- Ihre Vertrauenswürdigkeit: Zeigen Sie Loyalität. Reden Sie nicht schlecht über bisherige Chefs, plaudern Sie keine Firmeninterna aus.
- Ihre Belastbarkeit: Provozierende und kritische Fragen an den Bewerber sind beliebt, um diese Eigenschaft zu testen.
- Ihre Glaubwürdigkeit: Körpersprache und das, was Sie sagen, müssen übereinstimmen, sonst nimmt Ihr Gegenüber Sie nicht ernst.

Lampenfieber ist o.k.

Ein Vorstellungsgespräch ist immer ein Sprung ins kalte Wasser. Lampenfieber ist ganz normal, selbst Bewerbungsprofis kennen die Anspannung. Sie hat aber auch ihr Gutes, denn sie sorgt dafür, dass wir unsere Energien bündeln und uns voll und ganz auf unseren Auftritt und unsere Wirkung konzentrieren. Zu viel ist allerdings schädlich. Spätestens wenn die Hände feucht werden und die Knie zittern, hilft nur eines: Prana Yama oder die Atemübung im Liegen (siehe ab Seite 96). Sie wirken Wunder und stellen relativ rasch Ihr inneres Gleichgewicht wieder her.

Ihr Auftreten und Ihre Ausstrahlung sind bei Ihrer Vorstellung entscheidend.

Bleiben Sie bei sich

Es gibt niemals eine zweite Chance, einen guten ersten Eindruck zu machen. Wie Sie sich zum Bewerbungsgespräch kleiden und stylen ist genauso wichtig wie Ihre innere Haltung. Bleiben Sie bei Ihrem Stil und machen Sie den notwendigen Kotau vor brancheninternen Dress Codes nur, wenn Sie es vor sich vertreten können und sich darin wohl fühlen. Derlei Kleinigkeiten zeigen oft schon lange im Vorfeld, ob wir uns wirklich mit der Position, die wir bekleiden wollen, identifizieren können.

Bauen Sie während des Gesprächs keine Barrieren zwischen sich und Ihrem Gegenüber auf – Akten- oder Handtasche gehören auf die Seite und nicht in den Schoß.

Sobald Sie Ihrem Gesprächspartner gegenüberstehen, kommt einer der wichtigsten Momente Ihrer Bewerbung: die persönliche Begrüßung. Eine aufrechte Haltung, die beim offenen Handschlag die persönliche Distanz wahrt, und ein offener, freundlicher Blickkontakt sind die beste Eröffnung. Wenn Sie Platz genommen haben, achten Sie auf Freiraum zwischen sich und Ihrem Gegenüber. Signalisieren Sie Freundlichkeit, Offenheit und Gelassenheit.

Hören Sie hin

Auch wenn Ihnen eine ganze Reihe von Fragen zu Ihrer Person gestellt werden: Gehen Sie in Ihren Antworten nicht nur auf Ihre Erfahrungen, sondern auch auf Ihr Gegenüber und das Unternehmen ein. Einer der wichtigsten Aspekte unserer guten Ausstrahlung ist es, dass wir ein ernsthaftes Interesse an anderen Menschen und ihrer Geschichte – in diesem Fall auch an dem Unternehmen – zeigen. Aktives Zuhören ist dabei die Kunst, die uns am meisten Punkte bringen kann.

- Sie sehen oft auf den ersten Blick, ob Sie Gemeinsamkeiten mit Ihrem Gegenüber haben, über die Sie einen guten Gesprächston zum Einstieg finden. Das kann ein Strauß Tulpen auf dem Tisch sein, die Sie hübsch finden, oder ein Reisesouvenir, zumindest auf jeden Fall die Großwetterlage.
- Fragen Sie, seien Sie neugierig. Je mehr Fragen Sie landen können, desto besser für Sie. Aber unterbrechen Sie den anderen bloß nicht in seinem Redefluss. Selbst wenn Sie wenig spannend finden, was er berichtet, respektieren Sie die Wichtigkeit seiner Geschichte.
- Ordnen Sie sich auf gar keinen Fall unter oder machen sich auf ironische Weise klein. Bleiben Sie sachlich bei Ihrer Selbstdarstellung und kommen Sie auf gar keinen Fall auf die Idee, Ihrem Gegenüber zu zeigen, dass Sie im Grunde wesentlich mehr drauf haben als er. Das wirkt unsensibel und dreist.
- Antworten Sie nur auf Fragen, die tatsächlich an Sie gestellt werden, und verwenden Sie die Berichte Ihres Gegenübers nicht dazu, um sich anschließend ausschweifend über sich zu verbreiten. Sie wollen Sympathien gewinnen. Was Sie können und was Ihre Qualifikationen anbelangt, so haben

Sie darüber bereits in Ihrem Bewerbungsschreiben berichtet. Je aktiver Sie in diesem entscheidenden Gespräch Ihrem Gegenüber zuhören, desto mehr wird er oder sie sich für Sie interessieren!

Hopp oder Topp?

Im Gesprächsverlauf merken Sie schnell, ob Ihr Gegenüber ernsthaft an Ihnen interessiert ist. Wenn er oder sie anfängt – aus welchen Gründen auch immer – Sie auf Schwachstellen anzusprechen oder Sie provoziert, bleiben Sie auf jeden Fall freundlich. Vielleicht gewinnen Sie selbst auch im Gesprächsverlauf den Eindruck, die Stelle passt nicht zu Ihnen. Auch dann gilt: Bleiben Sie höflich und bringen Sie den Termin zu einem möglichst harmonischen Ende. Gönnen Sie sich anschließend einige Tage Pause, bevor Sie den nächsten Termin wahrnehmen. Tun Sie in der Zeit etwas für sich, was Ihnen gut tut. So gehen Sie motiviert zu Ihrem nächsten Gespräch.

Aufstieg garantiert – Ellenbogen unnötig

Erfolg, das ist die Erfüllung unserer Visionen. Wenn wir etwas tun, an dem uns etwas liegt, leisten wir mehr, setzen wir mehr Energien und Potenzial frei. Beruf wird von dem Wörtchen Berufung abgeleitet und hat damit viel mehr mit einer Vision oder sogar Mission zu tun, die man für sich erfüllen möchte. Mit dem Job, dem man zum bloßen Gelderwerb nachgeht, hat Beruf im Grunde nichts gemein. Ein Job kann nicht glücklich machen, kann nicht zu Ihrer Erfüllung beitragen und hat nichts mit Selbstverwirklichung zu tun.

Berufung ist etwas Persönliches, Ureigenes. Sie steckt in Ihren Träumen, die nur Sie leben können.

Was wünschen Sie sich?

Aufstieg und Ausbau des Erfolgs sind genauso wichtig wie die richtige Berufswahl. Es sind diese Zwischenerfolge, die uns bei der Stange halten, die unsere Motivation immer wieder von Neuem wecken, die dafür sorgen, dass wir begeisterungsfähig bleiben und auch andere begeistern können. Machen Sie sich deshalb klar, was Sie als Nächstes anstreben:

- Welche Tätigkeiten sollen dabei eine größere Rolle spielen?
- Wie stark wollen Sie Entscheidungen selbst gestalten und eigenverantwortlich tragen?
- Möchten Sie ein Team leiten, weil Sie glauben, Sie können die Energien Ihrer Mitarbeiter gut lenken?
- Sind Sie überzeugt davon, dass Sie noch weitere Qualitäten ins Spiel bringen können, die bisher brachlagen, weil Sie in Ihrer derzeitigen Position nicht gebraucht wurden?
- Machen Sie zum Schluss ein Gedankenspiel: Stellen Sie sich vor, auf welche beruflichen Erfahrungen Sie im Jahr 2010 zurückblicken wollen.
- Planen Sie konkrete Schritte zur Umsetzung Ihrer Veränderungswünsche. Werden Sie bei Ihrem/r Vorgesetzten vorstellig. Erkundigen Sie sich, welche Möglichkeiten es gibt, Sie weiter zu fördern. Lassen Sie sich ein Zwischenzeugnis ausstellen, das Sie sorgfältig bearbeiten. Es gibt genaue Auskünfte über Ihren Wert, aber auch über Ihr Potenzial. Mit diesem Zeugnis können Sie sich überall bewerben. Sie signalisieren Ihrem Arbeitgeber damit auch Veränderungsbereitschaft. Chefs, Kollegen und Kunden werden so registrieren, dass Sie Ihren Wert kennen, dass Sie sich Ihrer Fähigkeiten und Ihrer Position sicher sind und dass Sie davon ausgehen, das zu bekommen, was Sie wollen.

Wenn Sie beruflich weiterkommen wollen, müssen Sie Ihre Ziele regelmäßig überprüfen und mit dem Erreichten vergleichen.

Bleiben Sie locker

Die Aussage, dass Frauen immer besser sein müssen als Männer, um dasselbe im (Berufs-)Leben zu erreichen, gehört zu den übelsten Sprüchen der Selbstbehinderung. Nicht, dass ich davon überzeugt bin, wir lebten in einer Welt der absoluten Gleichberechtigung. Doch wird eine Frau, die wirklich gelassen und selbstbewusst ist und auch in kritischen Situationen auf sich vertraut, auf die Haltung des Karriereweibs, das sich mit zusammengebissenen Zähnen an der Steilwand der Karriere emporhangelt, verzichten.

Frauen haben gerade in Sachen Kommunikation so viel Vorsprung vor ihren männlichen Mitbewerbern, dass sie eine solche Haltung im Grunde überhaupt nicht nötig haben. Wenn sie diese Vorzüge geschickt und taktisch klug einsetzen, gibt es überhaupt keinen Grund, sich zu verkrampfen. Außerdem: Wer die Zähne zusammenbeißt, leidet und kann auch nicht gelassen sein. Wer nicht gelassen ist, kann allerdings auch kein sympathisches Selbstbild vermitteln und tut sich so doppelt schwer mit dem Erfolg.

Seien Sie nicht everybody's darling

Wer im Beruf weiterkommen möchte, hat bestimmte Ansprüche und Wünsche. Gerade diese Ansprüche an sich selbst können schnell zum Fallstrick werden. Bringen Sie in Verhandlungen und Gesprächen die Anforderungen an sich selbst auf ein realistisches Maß. Weder Ihnen noch den anderen ist damit gedient, wenn Sie sich in Versprechungen verrennen, die Sie nicht halten können.

Hören Sie auf, es immer jedem recht machen zu wollen – das gelingt nie!

Halten Sie Ihr gesundes Maß ein

Wozu auch? Keiner wird Sie mehr schätzen, nur weil Sie vorgeben, Sie könnten das Rad neu erfinden, und zwar bis morgen früh. Alle Übertreibungen nach oben und nach unten wirken sich auf Ihre Ausstrahlung und damit auch auf Ihren Erfolg nachteilig aus. Dazu gehört übrigens auch übertriebener Fleiß und Arbeitseifer. Wer jeden Tag zum 16-Stunden-Tag macht (Chefinnen ihrer eigenen Firma und mit entsprechender Verantwortung für Termingeschäfte seien einmal ausgenommen), fördert damit nicht seine Karriere. Ganz im Gegenteil.

Workaholismus ist eine Krankheit, die Gesundheit und Persönlichkeitspotenziale langsam aber sicher zum Schwinden bringt.

Zu viele Überstunden signalisieren, dass Sie Probleme mit Ihrer Organisation haben und keine Arbeiten delegieren können. Gerade das aber macht die Führungsqualitäten aus – weshalb auch Chefs im Übrigen auf Dauerbelastungen verzichten sollten. Wer sich durch Überarbeitung schwächt, kann auch nicht mehr originell und kreativ sein, kann keine neuen Visionen für sein Unternehmen entwickeln.

Fallbeispiel ▶

Pernilla absolvierte nach ihrer Lehre zur Verlagskauffrau ein Fachhochschulstudium in Kommunikationswissenschaften. Ursprünglich hatte sie die vage Idee, Archäologin zu werden. Dann setzte sich jedoch die zweite Vision von einem Beruf in der Medienbranche durch. Schon als Kind hatte Pernilla alle fünf Jahre den Wohnort gewechselt. Ihr Vater war Manager eines großen Unternehmens. Als Pernilla in Nürnberg eine gut bezahlte Stelle als Anzeigenleiterin erhielt, fackelte sie nicht lange und zog von Köln fort, wo sie bis dahin lebte. Da sie zu der Zeit Single war, fiel ihr der Schritt leicht. Mit der Zeit stellte sich heraus, dass sie und ihr Chef unter Leitung etwas anderes verstanden. Ihr Know-how wurde nicht berücksichtigt, statt Mediadaten zu

analysieren, sollte sie plötzlich selbst telefonisch Anzeigenkunden akquirieren. Nach einem Jahr hatte sie die Nase voll. Verschiedene Gespräche mit ihrem Geschäftsführer blieben erfolglos, sie begann sich umzusehen. Freunde mahnten, dass sie mindestens drei Jahre auf einer Stelle bleiben müsse, um die Karriere nicht zu gefährden.
Als sie ein Angebot einer großen Hamburger Agentur als Mediaplanerin erhielt, schlug sie sofort zu und brach ihre Zelte ab. Sie fand schnell eine schöne Wohnung und rasch Anschluss bei ihren Kollegen. Eine neue Welt tat sich auf nach der bedrückenden Enge, die sie in ihrer vorherigen Position empfunden hatte. Pernilla hatte schnell gute Kontakte zu ihren Top-Kunden. Dabei kamen ihr neben ihrem ausgezeichneten Stil in Sachen persönliches Styling auch ihre Qualitäten als hervorragende Gastgeberin und ausgezeichnete Köchin zugute. Tatsächlich war sie in der Küche genauso souverän und spontan wie bei Kunden-Präsentationen. Deshalb hatte sie schnell die richtigen und wichtigen Leute bei sich am Esstisch und kurze Zeit später am Verhandlungstisch. Als ihr bei der Wahl zur Abteilungsleitung ein männlicher Kollege vorgezogen wurde, zog sie trotz des guten Einvernehmens mit Chefs und Kollegen ihre Konsequenzen.
Ein Angebot von einer Konkurrenzagentur mit Option auf die Geschäftsführung erleichterte ihr die Entscheidung zum neuerlichen Wechsel. Seit zwei Jahren führt sie in dieser Position ihre Agentur zu neuen Etats und Kunden.

Bleiben Sie sich selbst treu

Pernilla hat einen riesigen Vorzug: Sie scheut sich nie, für sich und ihre Entscheidungen Verantwortung zu übernehmen, und sie weiß, dass jedes Risiko immer auch eine Chance darstellt.

Sicher kennt sie auch die Angst vor der übereilten oder falschen Entscheidung. Trotzdem verlässt sie sich auf ihr Gespür, ihr Selbstbewusstsein und das Gefühl dafür, was sie sich und damit ihrer Selbstverwirklichung schuldig ist.
Es gibt immer wieder Uneinsehbares und vor allem Unvorhersehbares auf unserem Weg. Es sind unsere Offenheit und unsere Gelassenheit, die uns damit umgehen lassen. Sollte sich ein Risiko tatsächlich als Sackgasse erweisen, so werden Sie aus diesem Nichtgelingen wieder die Kraft zur Veränderung ziehen. Die Welt macht einem Menschen Platz, der bereit ist, das Unwägbare in Kauf zu nehmen.

So profilieren Sie sich im Meeting

Je klarer und selbstbewusster Sie im Kollegenkreis, in Meetings oder am Telefon auftreten, desto unangefochtener wird Ihre Position sein.

Meetings sind die ideale Bühne, um sich kompetent zu präsentieren, Kontakte aufzubauen und zu pflegen. Sie sind vor allem dann ein geeignetes Forum, wenn Sie erreichen möchten, dass gut über Sie gesprochen wird – denn wo sonst haben Sie ein so aufmerksames Publikum? Hier können Sie alles einbringen: Ihre Körpersprache, Ihr Image, Ihren Stil, Ihr Knowhow, Ihre jüngsten Erfolge – und Ihre Forderungen oder Ziele.

Nehmen Sie sich Zeit zum Reden

In Meetings ist jeder Teilnehmer gefordert, die eigene Position, die eigenen Forderungen und Standpunkte vorzutragen. Das bringt schüchternere Menschen gelegentlich dazu, dass sie versuchen, sich besonders kurz zu fassen. Mit leiser, zurückhaltender Stimme und gesenktem Kopf tragen sie dann rasch etwas vor, das meist auch prompt kein größeres Gewicht in der Besprechung erhält. Dabei kann es sich sogar um die beste Idee des Tages handeln.

- Sorgen Sie dafür, dass Sie gehört werden, nehmen Sie sich Zeit für das, was Sie sagen wollen und geben Sie Ihrem Anliegen das entsprechende Gewicht.
- Ergreifen Sie das Wort, ohne einleitende Floskeln zu verwenden wie »Darf ich dazu auch mal etwas sagen« oder »Ich würde gerne eine Frage stellen«. Sagen Sie, was Sie sagen wollen. Sprechen Sie Teilnehmer, denen Sie eine Frage stellen, direkt an und nehmen Sie den Blickkontakt mit der betreffenden Person auf.
- Reden Sie so deutlich, dass alle Sie verstehen können. Zuhörer werden unaufmerksam, wenn jemand leise und ohne Nuancierung redet. Wenn Sie in einem Saal ohne Mikrofon reden müssen, stehen Sie auf, bevor Sie das Wort ergreifen.
- Nehmen Sie sich Zeit, um Ihre Argumente vorzutragen und reden Sie nicht zu schnell.
- Verwenden Sie Formulierungen, die Ihren Standpunkt unterstreichen, wie »Ich bin der Meinung, dass ...« oder »Ich bin davon überzeugt, dass ...«.
- Haken Sie im Lauf der Diskussion nach, wenn Sie feststellen, dass Ihr Anliegen nicht genügend berücksichtigt wurde.
- Lassen Sie Ihre Körperhaltung, Ihre Gesten und Ihre Mimik dasselbe sagen wie Ihre Worte. Signalisieren Sie Aufmerksamkeit, Interesse und Offenheit durch eine aufrechte und entspannte Kopf- und Körperhaltung, klare Blickkontakte, offen sichtbare Hände.
- Achten Sie auf Ihre Sprachmelodie und eine natürliche Gestik. Argumentieren Sie in einer Sprache, die die Teilnehmer verstehen. Das wirkt partnerschaftlich und fair.
- Vermeiden Sie nervöse und ablehnend wirkende Gesten wie das Wippen mit Beinen und Füßen oder das Von-einem-

Fuß-auf-den-anderen-Steigen, das Spielen mit Stift oder Brille, häufiges durch-die-Haare-streichen oder mit-den-Fingern-durch-das-Gesicht-fahren, versteckte oder gefaltete Hände und verschränkte Arme.

- Lächeln Sie nicht zu viel und vor allem nicht unmotiviert. Übertriebenes Lachen und Lächeln wirken aufgesetzt und unnatürlich. Sie signalisieren damit Nervosität, Unsicherheit und schlimmstenfalls sogar Unaufrichtigkeit.
- Verzichten Sie auf Gesten der Unterwürfigkeit, wie beim Zuhören den Kopf zur Seite zu neigen oder ständig zu nicken. Vor allem im Zusammenhang mit Rückfragen schwächen Sie durch solche Gesten Ihre Ausstrahlung und Ihre Glaubwürdigkeit.

Mehr Gehalt am Jahresende – Geschickt verhandeln

Auch bei der Durchsetzung Ihrer Gehaltsvorstellungen ist ein sicheres und offenes Auftreten schon die halbe Miete.

In den meisten Unternehmen wird das Gehalt der Mitarbeiter einmal jährlich überprüft und in der Regel angehoben. Was aber ist, wenn Ihnen das nicht reicht, weil Sie der Ansicht sind, dass Sie mehr verdient haben, als Sie verdienen? Oder wenn es offiziell eine Pause bei den Gehaltsanpassungen gibt? Manche von Ihnen haben vielleicht auch noch die Worte aus dem letzten Gespräch mit Ihrem Vorgesetzten im Ohr: »In diesem Jahr wird niemand erhöht, da können wir keine Ausnahmen machen ...«. Wenn Sie überzeugt davon sind, dass Ihnen für Ihren Einsatz mehr zusteht, sollten Sie sich nicht mit weniger zufrieden geben, sondern sich einen Termin für ein Gehaltsgespräch geben lassen.

Tipp

Sicher in der Gehaltsverhandlung

- Überlegen Sie, was Sie fordern möchten. Bedenken Sie dabei: Ihr Vorgesetzter wird Ihnen möglicherweise ein Plus vorschlagen, das nicht in der von Ihnen genannten Höhe liegt. Deshalb müssen Sie etwa ein Viertel bis ein Drittel mehr fordern, als die Summe, die Sie anstreben. Auf dieser Basis können Sie Ihr Gehalt verhandeln und erreichen am Ende vermutlich das, was Sie anfangs im Auge hatten. Bietet Ihnen Ihr Chef von sich aus mehr, umso besser.
- Begründen Sie Ihre Forderung: Warum wollen Sie mehr? Dabei sollten Sie nicht mit der Aufzählung der zahlreichen Einzelleistungen beginnen, die Ihrer Meinung nach dafür sprechen, sondern Ihre Verdienste kurz und bündig zusammenfassen. Das verleiht Ihrem Anliegen mehr Glaubwürdigkeit.
- Vergleichen Sie sich nicht mit anderen. Ihre Leistung und Ihre Persönlichkeit sprechen für sich. Vergleiche, selbst wenn Sie positiv formuliert sind, wirken kleinkariert und schmälern Ihre eigenen Verdienste.
- Lassen Sie sich nicht provozieren und in eine Rechtfertigungshaltung drängen. Manche Vorgesetzte versuchen damit, Sie zu verunsichern und Ihnen das Gefühl zu geben, Dinge zu fordern, die Ihnen eigentlich nicht zustehen. Nehmen Sie das bloß nicht persönlich! Jeder Abteilungsleiter hat

ein Personalbudget, dass er ebenso nach oben vertreten muss. Deswegen versucht er natürlich alle Tricks. Nur, wenn Sie einmal bei der Rechtfertigung gelandet sind, zählt alles, was Sie bisher vorgebracht haben, kaum noch.

- Natürlich können Sie niemanden zwingen, Ihnen mehr zu zahlen. Aber Sie können sich auf andere Leistungen einigen. Das können etwa leistungsgebundene Erfolgsprämien sein, Schulungen oder Auslandsaufenthalte, mehr Urlaubsgeld, ein Firmenwagen, ein eigenes (oder größeres) Büro oder auch Firmenaktien. Erkundigen Sie sich freundlich, aber bestimmt, welche Möglichkeiten Ihr Chef sieht, Ihre Verdienste anderweitig anzuerkennen. Signalisieren Sie: »Ich sitze gerne mit Ihnen in einem Boot – solange mein Einsatz angemessen honoriert wird.«

Beliebt und respektiert im Team

An einer anderen Stelle dieses Buches habe ich geschrieben: »Einzelkämpfer strahlen nicht.« Unser Potenzial, unsere Entwürfe und Visionen lassen sich in der Regel nur mithilfe anderer Menschen umsetzen. Das liegt bereits in der menschlichen Natur als soziales Wesen begründet. Wir brauchen die Zuwendung, Aufmerksamkeit und den Gedankenaustausch von und mit anderen Menschen, um uns voll zu entfalten.

Unsere geistigen Qualitäten und unsere fachlichen Fähigkeiten reichen alleine nicht aus, um bei Kollegen und Vorgesetzten Sympathien zu gewinnen und von ihnen gefördert zu werden. Gefragt sind vor allem unsere Aufrichtigkeit und Herzlichkeit, unsere Begeisterungsfähigkeit und Einfühlungsvermögen in die Bedürfnisse und Belange der anderen.

Was ist »emotionale Intelligenz«?

Für eine kreative und dynamische Arbeitsatmosphäre sowie gute Arbeitsergebnisse sind auch unsere so genannten weichen Eigenschaften entscheidend. Der amerikanische Wissenschaftsjournalist Daniel Goleman hat dafür den Begriff der emotionalen Intelligenz geprägt. Die gefragten Qualitäten, die mit dem so genannten EQ erfasst werden sollen, sind

Bei Anforderungsprofilen an Bewerber hat der EQ inzwischen dem IQ den Rang abgelaufen.

- ein gesundes Selbstbewusstsein,
- eine hohe persönliche Motivation,
- Einfühlungsvermögen und
- Konfliktlösungspotenzial.

Testfragen zur emotionalen Intelligenz gehören bei einigen deutschen Unternehmen bereits zum Standardprogramm für Bewerber.

Disziplin in Sachen Gefühl, warum?

Bei der Zusammenarbeit im Büro und im Umgang mit Kunden und Dienstleistern geht es natürlich in erster Linie um sachliche Dinge. Trotzdem bringt jeder von uns seine persönlichen Anliegen und Gefühle, kurz seine Tagesform mit. Unsere Gefühle sind es auch, die alle Abläufe im Sachlichen bestimmen. Durch sie sind wir kreativ, können motivieren, aber auch blockieren, wenn wir einen schlechten Tag erwischt haben.

Fällt Frauen oft noch schwer – im Job Privates vom Beruflichen zu trennen.

Disziplin ist wichtig, auch in der Zusammenarbeit mit anderen. Schließlich kann man nicht jeden mit seinen privaten Problemen und Zipperlein behelligen. Gespräche über Privatissimi sind sehr guten Freunden und dem Partner vorbehalten. Sie haben im Büro nichts verloren. Ein anderer Aspekt der Disziplin ist die Geduld mit Kollegen, die vielleicht in manchen Dingen etwas langsamer oder umständlicher sind, dafür aber andere Qualitäten haben, die dem Team als Ganzem weiterhelfen. Disziplin ist aber auch wichtig, um Projekte und Arbeiten zu einem erfolgreichen Ende zu bringen.
Mit Selbstbeherrschung in dem Sinne, dass Sie Ihre Visionen und Ihre Bedürfnisse über einen längeren Zeitraum unterdrücken, hat diese Art von Disziplin jedoch nichts zu tun.

Nehmen Sie nichts persönlich

Mit wenigen anderen Menschen verbringen wir von morgens bis abends so viel Zeit wie mit den Kollegen. Selbst wenn wir uns im Tageslauf um Contenance und gute Stimmung bemühen, so bekommen die anderen auch unsere dunklen Seiten irgendwann unweigerlich mit. Die Verhältnisse unter langjährigen Arbeitskollegen wirken nicht selten wie das vertraute Abbild von Ehepartnern, die sich ohne Worte verstehen – sich aber ebenso subtil auf die Nerven gehen können.
Bei aller Verbindlichkeit und Fairness im Team kann es daher ohne weiteres einmal vorkommen, dass ein bestimmter Kollege, Mitarbeiter oder Vorgesetzter ein Problem mit Ihnen hat und dies auch deutlich zeigt. Bleiben Sie gelassen und vor allem klar. Zeigen Sie sich unbeirrt und stecken Sie Ihre Grenzen ab – und zwar von Anfang an. Dabei können Sie folgende Dinge beherzigen:

- Bleiben Sie stets sachlich und nehmen Sie keinen Angriff persönlich, so unangenehm er auch ausfällt. Lassen Sie sich nicht auf die negativen Gefühle Ihres Gegenübers ein oder sich selbst zu einer impulsiven Entgegnung herausfordern.
- Neider sind ein anderes Thema. Im Grunde können Sie stolz darauf sein, wenn Sie welche haben. Sie sind die immer währenden Begleiter jeden Erfolgs, nur nicht des eigenen. Sollten sie Ihnen trotzdem zu sehr auf die Nerven gehen und schlecht über Sie reden, dann kann ein freundliches, aber bestimmtes »Ich weiß, was Sie über mich erzählen. Aber bleiben Sie doch in Zukunft bei der Wahrheit.« manchmal Wunder wirken. Besonders, wenn andere mithören. Zeigen Sie sich dabei keinesfalls gekränkt und lassen Sie sich nicht auf Diskussionen ein. Sie können solche Aktivitäten natürlich auch einfach ignorieren.
- Personen, von denen Sie als Konkurrenz gesehen werden, sollten Sie in dieser Haltung nicht bestärken. Treten Sie auch hier freundlich und bestimmt auf. Lassen Sie sich nicht auf Provokationen ein, auch wenn sie über Dritte transportiert werden. Bleiben Sie in jedem Fall gelassen, wechseln Sie wenn möglich das Thema und halten Sie das Gespräch kurz. Ihre Zeit lässt sich mit Menschen, die Ihnen wohlgesinnt sind und die dieselben Interessen vertreten wie Sie, wesentlich nützlicher und angenehmer verbringen.
- Tja, und wenn Sie selbst zu denen gehören, die mit schmalen Lippen in Nachbars Garten blicken, was bei ihm alles so wohlbestellt ist, dann hilft nur die Einsicht: Was haben Sie mit den Begabungen anderer Menschen zu tun? Seien Sie froh über die Ihren und kümmern Sie sich doppelt so motiviert um sich selbst.

Wer Angriffen von Kollegen sachlich und objektiv gegenübertritt, bietet diesen keine Angriffsfläche für weitere Querelen.

Tipp (!)

Never let them see you sweat ...
Sie haben einen schlechten Tag, sind nicht ausgeschlafen und Ihnen fällt auf eine dumme Bemerkung, die Ihnen ein Kollege so ganz nebenbei auf dem Flur entgegenschleudert, einfach nichts ein? Machen Sie sich keine unnötige Mühe: Lächeln Sie ihn nachsichtig an oder heben Sie im Vorbeigehen ironisch die Augenbrauen. Halten Sie es wie der in der Abwehr von Peinlichkeiten erprobte US-Präsident Bill Clinton: »Never let them see you sweat« – Lassen Sie niemanden spüren, dass Sie sich getroffen fühlen.

Ihre Individualität ist gefordert

Immer häufiger lassen Unternehmen die Team- und Führungsqualitäten Ihrer Abteilungsleiter durch die Mitarbeiter bewerten. Und in Mitarbeitergesprächen werden die Teilnehmer dazu angehalten, aktiv eigene Erfahrungen und Motivationen einzubringen.

Auch wenn Sie für ein Unternehmen arbeiten, in dem noch konservativere Umgangsformen herrschen, sollten Sie verstärkt Wert auf eine gute zwischenmenschliche Kommunikation mit Kollegen und Vorgesetzten legen. Die Grenzen zwischen dem Talk zwischendurch auf dem Flur oder in der Teeküche und einem längerem Gespräch beim Mittagessen sind dabei fließend. So lange Sie sich aufmerksam und interessiert den anderen gegenüber zeigen, werden Sie auch deren Interesse an Ihrer Persönlichkeit und Ihrem Know-how wecken. Interesse bloß vorzugeben hilft Ihnen nicht weiter. Das bekommen

selbst gutgläubigere oder gutmütige Zeitgenossen irgendwann mit. Nur wenn Sie dabei aufrichtig sind, sammeln Sie Sympathien.

Öffnen Sie anderen den Weg zu sich

Dazu müssen Sie nicht Ihr Herz auf der Zunge tragen oder sich gleich beim nächsten Kollegen auf den Schoß setzen. Vielmehr lautet die Devise: Selbstbewusstsein zeigen, gekoppelt an ein positives Selbstwertgefühl, Treue zu sich selbst, die Fähigkeit, die andern so sein zu lassen, wie sie sind, und vor allem zuhören können. Das ist die beste Grundlage für gegenseitigen Respekt und ein gutes und kreatives Arbeitsklima, das Platz für die Ideen aller lässt.

Loben Sie die anderen!

Wie Sie sich mit guter und überzeugender Ausstrahlung, einem sicheren, charmanten und warmherzigen Auftritt Sympathien schaffen, dazu besitzen Sie jetzt das nötige Handwerkszeug. Zu guter Letzt beherzigen Sie bitte auch die Tatsache, dass nicht nur Sie, sondern auch die anderen gelobt werden wollen. Für ihre Talente, ihr gutes Aussehen, ihr freundliches Wesen, ihre kreativen Ideen, ihren wunderschönen Vorgarten, ihren leckeren Apfelkuchen oder ihren Einsatz.

Ein schönes Kompliment, eine Aufmunterung nach einem Rückschlag, ein aufrichtig gemeintes Lob an der richtigen Stelle, das wird das eigentliche Geheimnis Ihres Erfolges sein. Eigenlob, das heißt eben nicht nur, sich geschickt und als Strahlefrau ins Spiel zu bringen. Es bedeutet auch, die Leistungen anderer gelassen würdigen zu können. Nur wer sich selbst überzeugend loben kann, kann dies auch bei anderen Menschen.

Wer gelernt hat, sich selbst zu loben, sollte das auch anderen gegenüber tun – jeder von uns ist empfänglich für Lob.

Sachregister

Wichtiger Hinweis

Die im Buch veröffentlichten Ratschläge wurden mit größter Sorgfalt von Verfasserin und Verlag erarbeitet und geprüft. Eine Garantie kann jedoch nicht übernommen werden. Ebenso ist eine Haftung der Verfasserin bzw. des Verlages und seiner Beauftragten für Personen-, Sach- oder Vermögensschäden ausgeschlossen.

Bildnachweis

Umschlagfoto: Mauritius/Hubatka
Bildnachweis: Bavaria/VCL S. 8, 22, 80/Masterfile S. 34; Mauritius/Benelux Press S. 56, 102

Impressum

Die Deutsche Bibliothek -
CIP-Einheitsaufnahme

Ein Titeldatensatz für diese Publikation ist bei Der Deutschen Bibliothek erhältlich.

Midena Verlag, München
© 2000 Weltbild Ratgeber Verlage GmbH & Co. KG

Das Werk einschließlich aller seiner Teile ist urheberrechtlich geschützt. Jede Verwertung außerhalb des Urhebergesetzes ist ohne Zustimmung des Verlages unzulässig und strafbar. Das gilt insbesondere für Vervielfältigungen, Übersetzungen, Mikroverfilmungen und die Einspeicherung und Verarbeitung in elektronischen Systemen.
Bei der Anwendung in Beratungsgesprächen, im Unterricht und in Kursen ist auf dieses Buch hinzuweisen.

Projektleitung: Carina Janßen
Redaktion: Yvonne Georgi, Langenau
Herstellung: Gabriele Schnitzlein
Bildredaktion: Doris Huber
Umschlagkonzeption: Kaselow Design, München
Layout: Lea Sophie Bischoff und Amir Sufi, München
Satz: Filmsatz Schröter GmbH, München
Reproduktion: Typework Layoutsatz & Grafik GmbH, Augsburg
Printed in Germany

ISBN 3-310-00672-7